Pietro Giaquinto

DIRITTO del PUBBLICO IMPIEGO
e REATI contro la PUBBLICA AMMINISTRAZIONE

2023

Nuova Collana Manuali per
Corsi e **Concorsi**
STUDIOPIGI

INDICE DEI CONTENUTI

Le origini e le fonti del lavoro pubblico-Gli elementi caratteristici del rapporto-Il dipendente pubblico-L'accesso al pubblico impiego-Le tipologie contrattuali-La contrattazione collettiva-Procedimento ed efficacia del contratto collettivo-Le mansioni del dipendente pubblico-La responsabilità disciplinare ed il Codice di comportamento-Mobilità individuale e collettiva-La riforma della dirigenza pubblica-La tutela giurisdizionale-L'ultima ristrutturazione del pubblico impiego-Il wisthleblowing-Gli altri punti salienti del CCNL-Il lavoro agile-Il sistema delle relazioni sindacali.

Il principio di esclusività-Le attività assolutamente vietate-Attività che possono essere svolte se preventivamente autorizzate-Attività libere-Lavoro a tempo parziale e incompatibilità-L'anagrafe delle prestazioni.

Definizione e caratteri del diritto penale-Le partizioni del diritto penale-Caratteri fondamentali del vigente sistema penale-La norma penale e le partizioni del diritto penale-I principi ispiratori del diritto penale-L'interpretazione in generale ed il divieto di analogia-Concorso di norme e concorso di reati-Il reato, i delitti e le contravvenzioni Il soggetto attivo del reato-Gli elementi essenziali generali del reato-Cause di esclusione della coscienza e della volontà-L'elemento soggettivo o psicologico del reato-L'oggetto giuridico del reato-L'imputabilità-Le cause oggettive di esclusione del reato-Il delitto doloso di azione-Il delitto colposo di azione-L'evento e il nesso di causalità-Il delitto preterintenzionale-Il delitto tentato-La pena.

PREFAZIONE

*Dopo la sosta forzata legata all'emergenza pandemica, **sono ripresi i concorsi pubblici** con le nuove e più celeri modalità nate dall'esperienza di questi ultimi anni e introdotte, in particolare, dall'articolo 10 L n 76 del 28/05/2021 di conversione del DL n 44 del 01/04/2021. Grazie anche ai cd "Decreto PA" e "Decreto PA bis" è in atto il tanto atteso "ricambio generazionale" della Pubblica Amministrazione che potrà, in breve tempo, disporre di **risorse sempre più qualificate**.*

*Nell'ottica di questo rinnovato interesse verso le selezioni in atto, STUDIOPIGI ha voluto predisporre, oltre che la manualistica completa per ogni singola tipologia concorsuale, dei brevi compendi con le **materie di base** richieste più frequentemente nelle sedute concorsuali, come questo, aggiornato alla complessiva **riforma Cartabia** (D.Lgs. 149 e 150/2022), alle anticipazioni della cd **riforma Nordio** di prossima attuazione, e ai cd **decreti** PA e PA bis, che affronta la tematica di base della disciplina del lavoro cd "pubblico" (o **pubblico impiego**) e quella relativa ai reati che riguardano da vicino la Pubblica Amministrazione, sia in maniera "qualificata" (ossia reati propri di un pubblico dipendente) sia in maniera "generica" (ossia reati sempre in danno della pubblica amministrazione ma che possono esser commessi da "chiunque").*

Oltre che in versione cartacea, il compendio è disponibile nel formato elettronico per tutti gli e-reader Kindle.

*Ai candidati tutti, come sempre, l'**augurio** delle Edizioni STUDIOPIGI, di una proficua collaborazione e di una **felice conclusione delle prove** concorsuali.*

DIRITTO DEL PUBBLICO IMPIEGO

CAPO **I**

IL RAPPORTO DI PUBBLICO IMPIEGO

§ 1. LE ORIGINI E LE FONTI DEL LAVORO PUBBLICO

Quello che oggi è definito "**pubblico impiego**" affonda le sue origini in un percorso che, partito alla fine del XIX° secolo, è stato caratterizzato da una continua **oscillazione** tra una concezione "privatistica" del rapporto di lavoro ed una "pubblicistica" che si sono alternate anche dopo l'avvento della Costituzione, fino a quella che, impropriamente, è stata chiamata "privatizzazione" di esso, che in realtà era già nato, in origine, come rapporto lavorativo basato su un contratto individuale di lavoro dal quale discendevano obblighi e diritti delle due parti stipulanti.

Molto presto però si fece strada l'idea di caratterizzare il rapporto di lavoro alle dipendenze di una amministrazione pubblica con un'idea di "**specialità**" in ragione del rapporto di <u>immedesimazione organica</u> che legava il pubblico dipendente all'amministrazione di appartenenza, che giustificasse **sia** i diritti **che** gli obblighi accessori di <u>fedeltà</u>, <u>diligenza</u> e <u>comportamento "consono"</u> anche nella vita privata, oltre che i limiti all'esercizio di alcuni diritti (appartenenza alle organizzazioni politiche e sindacali, o limiti alla libertà di espressione).

La mutata concezione del rapporto lavorativo fu normato grazie ad una serie di interventi legislativi tra cui il Regio Decreto (RD) 22.11.1908, n. 693 che approvava il primo testo unico delle leggi <u>sullo stato degli impiegati</u>, il RD 11.11.1923, n. 2395 e il RD 30.12.1923, n. 2960 che disciplinavano la carriera dei dipendenti pubblici dettando una codifica dei **gradi** e delle **qualifiche** del personale.

Ma per avere una disciplina più completa ed organica dell'impiego pubblico che lo differenziasse in maniera netta dall'impiego privato, bisognerà aspettare il **1957** (ben dopo dunque l'avvento della Costituzione repubblicana) con il varo del Testo unico (TU) approvato con DPR 10.1.1957, n.3 (**Statuto degli impiegati civili dello stato**), composto da 386 articoli e per alcuni aspetti tuttora in vigore (si pensi al regime dell'incompatibilità di cui all'art.60 e ss. del Testo unico richiamato dall'art. 53 dell'attuale DLgs. n.165 del 2001.

Il TU dettava una disciplina capillare che regolava tutta la vita lavorativa dell'impiegato e che si basava sulla tesi secondo la quale lo *status* di pubblico dipendente era indissolubilmente connesso a quello di privato cittadino di cui costituiva una "continuazione". In quanto componente di un apparato burocratico al quale si accedeva per "merito", il dipendente era tenuto ad una <u>relazione di sottomissione-protezione</u> con l'amministrazione di appartenenza. Da qui la particolarità dell'ordinamento del pubblico impiego che non poteva essere disciplinato alla stessa stregua del lavoro privato: il dipendente entrava a far parte di una struttura burocratica al servizio esclusivo dello Stato al fine di garantire, scevra da condizionamenti politici o di altro genere, il buon andamento e l'imparzialità nell'azione della pubblica amministrazione. Proprio per questo si stabilì che l'unica forma di accesso al pubblico impiego fosse il **<u>concorso</u>**.

Rispetto al passato però si attenuarono i limiti all'esercizio dei diritti, stabilendosi che solo per particolari categorie di dipendenti (magistrati, i militari di carriera in servizio attivo, funzionari ed agenti di polizia, rappresentanti diplomatici e consolari all'estero) la legge poteva stabilire un divieto d'iscrizione ai partiti politici.

La netta differenziazione tra lavoro pubblico e privato cominciò nuovamente ad attenuarsi a partire dagli anni Settanta, quando <u>da un lato</u> si affacciarono nel settore pubblico le organizzazioni sindacali dopo il varo dello **<u>Statuto dei lavoratori</u>** (Legge 20 maggio 1970, n. 300); dall'altro cominciarono ad affermarsi garanzie maggiori per i dipendenti grazie al controllo dei giudici sull'operato della pubblica amministrazione nel corso del processo amministrativo.

La progressiva attenuazione del divario sfociò in un progetto di **riforma** del lavoro pubblico che culminò nella legge 29 marzo 1983 n 93 (**Legge quadro sul pubblico impiego**) che, per la prima volta, introduceva la <u>contrattazione collettiva</u> nel pubblico impiego, pur se limitatamente a quella parte della disciplina non soggetta alla riserva di legge o ad atti unilaterali dell'amministrazione.

Successivamente, soprattutto sotto l'influsso della concezione anglosassone del *New Public Management* che proponeva l'applicazione di modelli privatistici al settore del pubblico impiego per raggiungere quei risultati di *efficienza*, *efficacia* ed *economicità* dell'azione che il modello pubblicistico sembrava **non** garantire, cominciò a farsi strada l'idea del dover orientare l'azione pubblica al **risultato** come in un'azienda privata; e l'idea fu il preludio di una vera e propria "rivoluzione" che partì con il varo della legge

142/90 sugli Enti locali, proseguì con la fondamentale legge 241/90 sul **procedimento amministrativo** e terminò con quella che è stata battezzata (ripetiamo, *impropriamente*) "privatizzazione" del pubblico impiego, che si articolò in diversi interventi legislativi:

-la legge delega 23 ottobre 1992, n. 421 recante "delega al governo per la razionalizzazione e la revisione delle discipline in materia di sanità, di pubblico impiego, di previdenza e di finanza territoriale" con la quale si delegava il Governo a ricondurre i rapporti di lavoro con le amministrazioni nell'ambito del diritto civile e a prevederne la regolazione mediante contratti collettivi e individuali completando il disegno con la devoluzione al giudice del lavoro delle controversie relative ai pubblici dipendenti, delega a cui fu data attuazione con il successivo Decreto Legislativo 3 febbraio 1993, n. 29 recante "razionalizzazione dell'organizzazione delle amministrazioni pubbliche e revisione della disciplina in materia di pubblico impiego" che disciplinava i rapporti di lavoro alle dipendenze delle pubbliche amministrazioni con il dichiarato fine di (art.1):

a)accrescere l'efficienza delle amministrazioni in relazione a quella dei corrispondenti uffici e servizi dei paesi della comunità europea, anche mediante il coordinato sviluppo di sistemi informativi pubblici;

b)razionalizzare il costo del lavoro pubblico, contenendo la spesa complessiva per il personale, diretta e indiretta, entro i vincoli di finanza pubblica;

c)integrare gradualmente la disciplina del lavoro pubblico con quella del lavoro privato;

-la legge 15 marzo 1997, n. 59 recante "delega al governo per il conferimento di funzioni e compiti alle regioni ed enti locali, per la riforma della pubblica amministrazione e per la semplificazione amministrativa" (cd legge BASSANINI): in particolare la legge conferiva al Governo la delega ad intervenire nuovamente sul pubblico impiego emanando ulteriori disposizioni integrative o correttive del Decreto Legislativo n. 29/1993 al fine di conformarlo alle norme contenute nella legge di delega ed ai decreti previsti dalla legge stessa. In virtù della citata delega legislativa vennero emanati diversi decreti (DL 4 novembre 1997, n. 396, DLgs 31 marzo 1998, n. 80, DLgs 29 ottobre 1998, n. 387) che poi confluirono nel **Testo Unico sul pubblico impiego** (TUPI) ossia il Decreto Legislativo 30 marzo 2001, n. 165 ("Norme generali sull'ordinamento del lavoro alle dipendenze delle amministrazioni pubbliche") di natura sostanzialmente compilativa e che costituisce ad oggi **la principale fonte** in materia di impiego pubblico.

La "riunificazione" delle due tipologie di lavoro dipendente (privato e pubblico) non cancellava però la peculiarità della seconda che, pur omologandosi al lavoro privato circa la contrattazione e la penetrante incisività dell'azione sindacale (anche al lavoro pubblico venne estesa l'applicazione dello Statuto dei Lavoratori a prescindere dal numero di dipendenti dell'amministrazione), restava nettamente distinta per alcune sue caratteristiche quali la natura pubblica del datore di lavoro, e il suo obbligo a perseguire fini di pubblico interesse, oltre che per i principi stabiliti per l'accesso ad essa, che l'art. 35 del Testo unico fissava comunque nel pubblico concorso, fatto salvo il caso delle chiamate numeriche per le assunzioni obbligatorie previste dalla legge sulle disabilità (Legge n. 68/1999).

Sul versante del contratto **individuale**, poi, profili di specificità si individuano nella disciplina che regola diversamente, rispetto al privato, le conseguenze dell'**esercizio di fatto di mansioni superiori**, nonché quelle derivanti dalla violazione delle regole sulle assunzioni. Altre peculiarità sussistono anche relativamente alle disposizioni in tema di incompatibilità, cumulo di impieghi e incarichi e l'erogazione delle indennità collegate alla "performance" ed al risultato (cd "salario accessorio").

Oggi dunque, ai sensi dell'art. 2, co. 2, del D.Lgs. n. 165/2001, "i rapporti di lavoro dei dipendenti delle amministrazioni pubbliche sono disciplinati dalle disposizioni del capo I, titolo II, del libro V del **codice civile** e dalle leggi sui rapporti di **lavoro subordinato nell'impresa**, fatte salve le diverse disposizioni contenute nel presente decreto".

La disposizione prosegue affermando (con le modifiche apportate dal decreto legislativo numero 75/2017), che "eventuali disposizioni di legge, regolamento o statuto, che introducano o che abbiano introdotto discipline dei rapporti di lavoro la cui applicabilità sia limitata ai dipendenti delle amministrazioni pubbliche, o a categorie di essi, possono essere derogate nelle materie affidate alla contrattazione collettiva ai sensi dell'articolo 40, comma 1, e nel rispetto dei principi stabiliti dal presente decreto, da successivi contratti o accordi collettivi nazionali e, per la parte derogata, **non** sono ulteriormente applicabili".

§ 2. GLI ELEMENTI CARATTERISTICI DEL RAPPORTO

Proprio in virtù della sua peculiarità di cui si è detto sopra, il rapporto di lavoro *pubblico* è stato fatto rientrare, dalla dottrina, nell'ampia categoria dei **rapporti di lavoro speciali,** trattandosi di una relazione che intercorre tra lo Stato (o un ente pubblico non economico) ed un soggetto **privato**; esso è un rapporto di lavoro dipendente che si distingue dal rapporto di impiego privato in ragione di alcuni particolari caratteri che i principali autori (cfr. P. **VIRGA**, *Diritto Amministrativo, I principi*, vol I°, Milano Giuffrè, 2001) individuano:

-nella natura pubblica dell'ente datore di lavoro;

-nella continuità;

-nella professionalità;

-nell'inserimento del lavoratore nell'organizzazione dell'ente;

-nella predeterminazione della retribuzione;

-nell'accesso ad esso che deve avvenire con evidenza pubblica.

Questi criteri sono idonei a differenziare il rapporto di pubblico impiego dal rapporto di lavoro privato, mentre con le disposizioni dettate dal TUPI è stata realizzata una ridefinizione del sistema delle *fonti* della disciplina del rapporto di pubblico impiego che può sintetizzarsi nella sottrazione di tale rapporto allo specifico *corpus* normativo previgente con la correlativa graduale sua riconduzione sotto la disciplina del <u>diritto comune</u> e con la sua <u>contrattualizzazione</u>.

Tuttavia alcune categorie **restano escluse dalla privatizzazione**: magistrati ordinari ed amministrativi, avvocati e procuratori dello Stato, personale militare e delle forze di polizia, dirigenti generali ed equiparati, personale delle carriere diplomatica e prefettizia.

Il Testo Unico del Pubblico Impiego–**TUPI**, il testo normativo di riferimento per la disciplina dei pubblici uffici e del lavoro nelle Pubbliche Amministrazioni, è articolato in **sette** titoli:

-titolo **I**: dedicato ai principi generali ispiratori della riforma e ordinatori delle restanti disposizioni del decreto (managerialità, efficienza e produttività dell'amministrazione);

-titolo **II**: vi sono enunciate regole di trasparenza dell'azione amministrativa ed è contenuta la disciplina dei dirigenti dei quali, atteso il principio di separazione tra indirizzo politico e amministrazione concreta, vengono specificate le attribuzioni gestionali unitamente alle relative responsabilità;

-titolo **III**: è relativo alla contrattazione collettiva e alla rappresentatività sindacale;

-titolo **IV**: vi sono le norme che, unitamente alle disposizioni del codice civile e delle leggi speciali, disciplinano il rapporto di lavoro dei pubblici dipendenti soprattutto in relazione a quei profili che conservano alcuni elementi di specialità rispetto alla disciplina privatistico;

-titolo **V**: in materia di controllo e di razionalizzazione della spesa per il personale della PA che deve essere contenuta entro i vincoli di disponibilità stabiliti con la legge di bilancio;

-titolo **VI**: sancisce la definitiva competenza in materia giurisdizionale del giudice ordinario e fornisce le necessarie norme di raccordo per l'applicazione del rito del lavoro di cui all'art. 410 e segg. cpc al contenzioso del pubblico impiego;

-titolo **VII**: termina il provvedimento e, attraverso una serie di disposizioni abrogative, provvede a chiarire il quadro normativo vigente.

§ 3. IL DIPENDENTE PUBBLICO

Da quanto detto sopra possiamo affermare che con l'espressione "pubblico impiego" (o lavoro *pubblico*) si intende quel rapporto di lavoro in cui **una persona** mette **volontariamente** la propria **attività**, in modo continuativo e dietro retribuzione, al servizio **dello Stato** o di **ente pubblico non economico.**

Tale particolare rapporto soggiace alle specificità tipiche di questo settore, in particolare:

-le **procedure di reclutamento** e **selezione**, che devono essere trasparenti e di evidenza pubblica;

-la **sicurezza del trattamento retributivo** nel tempo e del posto di lavoro;

-la **responsabilità dei comportamenti** del dipendente pubblico nei confronti della collettività.

La posizione dei pubblici dipendenti, secondo la dottrina tradizionale, si ritiene caratterizzata da un duplice profilo: il rapporto **organico** (o di ufficio) ed il rapporto di **servizio**.

Sotto il **primo** profilo, i pubblici dipendenti si configurano come veri e propri organi dell'amministrazione, esprimendone all'esterno la volontà e realizzandone i fini istituzionali. Il cd rapporto organico (o di ufficio) è dunque espressivo di interessi pubblici, che peraltro vengono formalmente riconosciuti anche dalla Costituzione, che quale contiene norme finalizzate a rendere l'azione amministrativa conforme a parametri di imparzialità, di efficienza, di efficacia (artt. 54, 97 e 98). L'art 54 afferma infatti che "i cittadini cui sono affidate funzioni pubbliche hanno il dovere di adempierle con disciplina e onore, prestando giuramento nei casi stabiliti dalla legge". L'art. 97 invece recita che: "i pubblici uffici sono organizzati secondo le disposizioni di legge, in modo che siano assicurati il buon andamento e l'imparzialità dell'amministrazione (comma I). Nell'ordinamento degli uffici sono determinate le sfere di competenza, le attribuzioni e le responsabilità proprie dei funzionari (co II). Agli impieghi nelle pubbliche amministrazioni si accede mediante concorsi, salvo i casi stabiliti dalla legge" (co III).

L'art. 98 infine, al comma I sancisce che "i pubblici impiegati sono al servizio esclusivo della nazione", mentre il comma II stabilisce che "la legge può fissare limiti al diritto di iscrizione a partiti politici per alcune categorie di dipendenti".

Sotto il **secondo** profilo, i pubblici dipendenti sono legati al soggetto pubblico da un rapporto di lavoro comportante diritti ed obblighi analoghi a quelli che scaturiscono dal rapporto di lavoro privato: appunto il cd "rapporto di servizio".

Circa le caratteristiche dei sistemi di reclutamento e selezione di un dipendente, dopo anni di stallo, il pubblico impiego prova a **cambiare**, sotto la spinta dei nuovi strumenti dell'era digitale. Infatti con l'ultima tornata contrattuale delle funzioni

centrali e quelle **locali**, e con l'applicazione del **DL 82/2023**, l'assunzione a tempo **determinato** e **indeterminato** nelle **amministrazioni pubbliche** e nelle autorità amministrative indipendenti avviene mediante **concorsi pubblici** (v più dettagliatamente *infra*) orientati alla massima partecipazione ai quali si accede mediante registrazione nel **Portale unico del reclutamento**, di cui all'articolo 3, comma 7, della legge 19 giugno 2019, n. 56, disponibile all'indirizzo **www.InPA.gov.it**, sviluppato dal Dipartimento della funzione pubblica della Presidenza del Consiglio dei ministri, che ne cura la gestione.

Inoltre da quest'anno (2023) le selezioni pubbliche **non** vengono più pubblicate sulla Gazzetta Ufficiale come in precedenza, bensì esclusivamente sul citato Portale; e anche gli obblighi di pubblicità e comunicazione si intendono assolti mediante pubblicazione, da parte dell'amministrazione cui è indirizzata l'istanza di accesso agli atti o di **accesso civico generalizzato**, di un apposito **avviso** sul Portale di cui sopra.

All'atto della **registrazione** al Portale l'interessato compila il proprio *curriculum vitae*, completo di tutte le **generalità anagrafiche** ivi richieste, con valore di dichiarazione sostitutiva di certificazione ai sensi dell'articolo 46 del testo unico di cui al decreto del Presidente della Repubblica 28 dicembre 2000, n. 445, indicando un indirizzo di **posta elettronica certificata** (PEC) o un **domicilio digitale** a lui intestato al quale intende ricevere ogni comunicazione relativa alla procedura cui intende partecipare, ivi inclusa quella relativa all'eventuale assunzione in servizio, unitamente ad un **recapito telefonico**. La registrazione al Portale è **gratuita** e può essere effettuata esclusivamente mediante i sistemi di identificazione di cui all'articolo 64, commi 2-quater e 2-nonies, del Codice dell'amministrazione digitale, di cui al decreto legislativo 7 marzo 2005, n. 82. L'iscrizione al Portale comporta il consenso al trattamento dei dati personali per le finalità e con le modalità di cui al regolamento (UE) 2016/679 del Parlamento europeo e del Consiglio, del 27 aprile 2016, e del Codice in materia di protezione dei dati personali, di cui al decreto legislativo 30 giugno 2003, n. 196. Non si tiene conto delle iscrizioni che non contengono **tutte** le indicazioni circa il possesso dei requisiti richiesti per la registrazione nel Portale o richieste dai bandi di concorso.

LA FIGURA DEL **DIRIGENTE**

Novità sono state previste anche per quanto riguarda il reclutamento di **dirigenti pubblici**, laddove le nuove disposizioni prevedono che nei bandi dei concorsi sia assicurata la "valutazione delle capacità, attitudini e motivazioni individuali, anche attraverso prove, scritte e orali, definite secondo metodologie e *standard* riconosciuti". Per l'attuazione di queste modalità di reclutamento dei dirigenti pubblici sono state infatti adottate specifiche "linee-guida" tese ad indicare procedure e soluzioni metodologiche basate anch'esse sull'**assessment center** quale strumento da utilizzare nei processi di selezione di figure manageriali, finalizzati alla valutazione delle **competenze** che caratterizzano la posizione da ricoprire. Nella medesima disposizione e con riferimento al personale in servizio a tempo indeterminato interessata ad accedere alla qualifica dirigenziale è prevista altresì la disciplina sui criteri di valutazione e sulle prove dei concorsi pubblici di "esclusivo carattere esperienziale", costituita da procedure comparative bandite dalla **Scuola nazionale dell'amministrazione** (SNA), che tiene conto della valutazione conseguita nell'attività svolta, dei titoli professionali, di studio o di specializzazione ulteriori rispetto a quelli previsti per l'accesso alla qualifica dirigenziale e della tipologia degli incarichi rivestiti volta ad assicurare la valutazione delle capacità, attitudini e motivazioni individuali.

Il dirigente, ricordiamolo, svolge un **ruolo chiave di supporto**, mettendo a disposizione dell'Ente la sua professionalità specifica di tipo manageriale e giuridica; e se da un lato dunque egli deve essere dotato di **spiccate capacità relazionali**, dall'altro deve presentare una **evidente propensione alla leadership**, doti entrambe fondamentali, sia per un corretto rapporto con i propri collaboratori, sia per tradurre gli *input* politici in atti di corretta gestione.

I dirigenti sono reclutati secondo **due** modelli di selezione:

-il **merit system**, con cui i Dirigenti sono reclutati sulla base della verifica delle loro competenze tramite un concorso pubblico;

-lo **spoil system**, con cui la figura del Dirigente è espressione della volontà politica, ossia di indicazione fiduciaria. Gli incarichi in argomento, normalmente, cessano automaticamente, decorsi 90 giorni dal voto sulla fiducia ottenuto dal Governo subentrante. Possono essere coinvolti nello "spoil system" anche gli incarichi di:

-segretario generale di Ministeri;

-gli incarichi di Direzione di strutture articolate al loro interno in uffici dirigenziali generali e quelli di livello equivalente (come ad esempio i Capi Dipartimento dei Ministeri).

Decadono poi, subentrando un nuovo esecutivo, anche tutti gli Uffici di diretta collaborazione degli organi politici (Ministri, Sindaci, Presidenti di Regione) e, ove nominati, i Direttori generali degli Enti Locali.

LA FIGURA DEL **FUNZIONARIO**

Dal punto di vista **etimologico**, viene definito "funzionario" colui che, "da solo o congiuntamente, ricopre un **pubblico ufficio** di un ente o di una collettività di diritto pubblico, esercitando un'attività **pubblicistica** ad essi riferibile, che è d'immediata rilevanza giuridica nei rapporti che fra questi soggetti e i terzi, o fra i terzi soltanto, si stabiliscono".

La definizione, resa dall'enciclopedia "**TRECCANI**", serve a delimitare il **confine** tra un funzionario pubblico dipendente ed un privato che esercita **pubbliche funzioni** (si pensi, ad es, ad un notaio) ma che **non** è investito dall'onere di agire per un interesse esclusivamente pubblico, pur ricoprendo il ruolo di "pubblico ufficiale". Dunque, prosegue la TRECCANI, la nozione di pubblico ufficiale, ai sensi dell'art 357 cp, "è stata concepita con più larghi intendimenti rispetto alla nozione più ristretta di pubblico funzionario".

In alcune occasioni poi il termine "funzionario" nel suo significato pubblicistico, che indica i titolari di organi burocratici, viene contrapposto al suo omonimo funzionario "**politico**"; se è evidente la contrapposizione per la diversa configurazione del rapporto di servizio, meno, oggigiorno, appare la diversificazione del <u>**ruolo**</u>: dal funzionario **burocratico**, a differenza di quello *politico*, appare lecito attendersi un comportamento imparziale, mosso solamente da considerazioni tecniche e giuridiche, e comunque volto a conseguire <u>fini diversi</u> da quelli di tipo politico. Ma tale contrapposizione sfuma notevolmente se si considera che la nomina e gli avanzamenti di carriera del funzionario burocratico sono decisi spesso in base a <u>criteri di appartenenza politica</u>, secondo la logica del cd *spoil system* (di cui sopra), e non in base a criteri meritocratici.

Qual'è invece esattamente il ruolo di un funzionario amministrativo in un ente pubblico? Di cosa si occupa? Da chi dipende? Per meglio conoscere il suo lavoro, diamo uno sguardo al cd "mansionario" di uno dei tanti Enti pubblici italiani. Il **funzionario** "amministrativo" (così definito per distinguerlo dalle altre due figure di funzionario "tecnico" e funzionario "contabile"), come si può facilmente intuire dal suo *nomen iuris*, è una figura impiegata nei **servizi amministrativi** di un enti locale.

Circa le sue mansioni, queste possono essere di tipo più generali, o più specifiche, secondo le **dimensioni** dell'ente di appartenenza:

-in un ente di piccole dimensioni (come un piccolo comune) il funzionario amministrativo svolge mansioni di differenti tipologie, spaziando in tutta l'amministrazione;

-in un ente di medie o grandi dimensioni, il funzionario amministrativo ha compiti più specifici, tra cui servizi di <u>previdenza sociale,</u> <u>cancelleria</u> e <u>contabilità</u> (per il profilo contabile).

In generale è impiegato nei servizi amministrativi occupandosi principalmente della <u>predisposizione di atti amministrativi</u> conformi alla normativa vigente, curandone l'istruttoria preliminare e conseguente evoluzione. Scendendo più nello specifico, il FA può **dirigere** un servizio, a rilevanza sia *interna* che *esterna*, con l'emanazione di programmi, direttive ed istruzioni specifiche, volte alla individuazione degli obiettivi *quantitativi*, *qualitativi* e *temporali* da conseguire.

Collabora con il capo-area (ove esistente) e, ove delegato, svolge funzioni vicarie, qualora il Sindaco (o il Presidente della Provincia o della Regione o dal Presidente dell'Ente di appartenenza) non disponga l'*interim* ad altro responsabile di settore. Verifica i risultati ed i costi dell'attività svolta; verifica inoltre il grado di **efficienza** ed **efficacia** delle procedure di lavoro.

Collabora alla preparazione di programmi e progetti relativi all'intero servizio e concorre all'attuazione dei medesimi partecipando, altresì, alle necessarie valutazioni periodiche dei risultati. Predispone ed emana atti e provvedimenti amministrativi non riservati ai dirigenti; **adotta** <u>**provvedimenti**</u> tesi alla realizzazione di precisi programmi stabiliti dall'Ente.

Esamina e predispone le proposte di normativa dal punto di vista della tecnica legislativa e regolamentare, della fattibilità nell'ambito delle materie di competenza; esprime pareri su quesiti proposti da uffici dell'Amministrazione in rapporto alla specifica attività.

Svolge attività di segretariato di commissioni, comitati e simili con piena autonomia, cura la formazione e l'aggiornamento del personale addetto al Servizio cui è preposto e svolge attività didattica nei corsi di qualificazione e aggiornamento del personale organizzati dall'Ente.

Promuove rapporti interni ed esterni finalizzati all'elaborazione di progetti specifici, con funzioni analoghe, superiori o inferiori. Cura i rapporti con gli uffici statali interessati (Procura della Repubblica, Prefettura, intendenza di Finanza). All'occorrenza (in via eccezionale e temporanea), può essere adibito non prevalentemente anche a mansioni previste dagli assetti *inferiori* o *superiori*.

I funzionari più alti in grado, i cd "**apicali**", possono aspirare a diventare dirigenti tramite procedura comparativa e hanno diritto al 30% dei posti a disposizione.

CATEGORIE E SISTEMI RETRIBUTIVI

Circa i sistemi di retribuzione, quello dei **dirigenti** è fondato su una retribuzione **di posizione** (in base all'incarico ricoperto), e una retribuzione **di risultato** (in base agli obiettivi raggiunti) tramite valutazione della *performance*.

Dopo la stipula del CCNL 2019-2021, il **personale non dirigente** delle funzioni **centrali e locali** è invece suddiviso, secondo il **nuovo** sistema di classificazione, in quattro "aree" (**cinque** per il comparto Sanità) corrispondenti al livello di complessità professionale (in base al livello di conoscenze, abilità e competenze professionali del dipendente):

-area degli **operatori** (ex prima area);

-area degli **assistenti** (operatori esperti per gli enti locali);

-area dei **funzionari** (istruttori, per gli enti locali);

-area delle **elevate professionalità** (o funzionari ed elevata qualificazione per le funzioni locali, di nuova istituzione).

Per il comparto Sanità:

-area del personale di supporto;

-area degli operatori;

-area degli assistenti;

-area dei professionisti della salute e dei funzionari;

-area del personale di elevata qualificazione.

La **retribuzione** varia, ovviamente, secondo l'area di appartenenza e l'incarico affidato.

A proposito dell'ultima area, andiamo a vedere in che modo saranno assegnati gli incarichi ad Elevata Qualificazione negli Enti locali, a cui potranno aspirare gli appartenenti alla nuova area organizzativa. Ce lo spiega l'art 16 dell'ultimo CCNL, recante appunto "Incarichi di Elevata Qualificazione":

"Gli enti istituiscono posizioni di lavoro di elevata **responsabilità** con elevata **autonomia decisionale**, previamente individuate dalle amministrazioni in base alle proprie esigenze organizzative. Ciascuna di tali posizioni costituisce oggetto di un incarico **a termine** di **EQ**.

Tali posizioni richiedono:

-**responsabilità** amministrative e di risultato, a diversi livelli, in ordine alle funzioni specialistiche e/o organizzative affidate, inclusa la responsabilità di unità organizzative; responsabilità amministrative derivanti dalle funzioni organizzate affidate e/o conseguenti ad espressa delega di funzioni da parte del dirigente, implicante anche la firma del provvedimento finale, in conformità agli ordinamenti delle amministrazioni;

-**conoscenze** altamente specialistiche, capacità di lavoro in autonomia accompagnata da un grado elevato di capacità gestionale, organizzativa, professionale atta a consentire lo svolgimento di attività di conduzione, coordinamento e gestione di funzioni organizzativamente articolate di significativa importanza e responsabilità e/o di funzioni ad elevato contenuto professionale e specialistico, implicanti anche attività progettuali, pianificatorie e di ricerca e sviluppo.

Tali posizioni di lavoro vengono distinte in **due** tipologie:

-posizione di responsabilità di direzione di unità organizzative di particolare complessità, caratterizzate da elevato grado di autonomia gestionale e organizzativa;

-posizione di responsabilità con contenuti di alta professionalità, comprese quelle comportanti anche l'iscrizione ad albi professionali, richiedenti elevata competenza specialistica acquisita attraverso **titoli formali di livello universitario** del sistema educativo e di istruzione **oppure** attraverso consolidate e rilevanti esperienze lavorative in posizioni ad elevata qualificazione professionale o di responsabilità, risultanti dal curriculum.

Gli incarichi di EQ possono essere affidati a **personale inquadrato nell'area dei Funzionari e dell'Elevata Qualificazione**, ovvero a **personale acquisito dall'esterno** ed inquadrato nella medesima area.

Nel caso in cui gli Enti siano **privi** di personale dell'area dei Funzionari e dell'Elevata Qualificazione, la presente disciplina si applica:

-presso i comuni, ai dipendenti classificati nell'area degli Istruttori o degli Operatori esperti;

-presso le ASP e le IPAB, ai dipendenti classificati nell'area degli Istruttori.

L'ultimo contratto delle funzioni **centrali** ha introdotto il concetto di "**famiglia professionale**": essa comprende lavori con comuni orientamenti e finalità, approcci professionali e competenze, coinvolti in processi di lavoro uguali o simili.

Più in particolare esse sono definite come "ambiti professionali **omogenei** caratterizzati da competenze **similari** o da una base di conoscenze **comune**".

In ogni "famiglia" sono raccolti una pluralità di profili di ruolo o di competenza, in base alla complessità dell'organizzazione.

Per fare un esempio, un ministero potrebbe individuare la famiglia dei "funzionari di ambito giuridico" e, al suo interno, declinare vari **ruoli** ad esempio legati al diritto dell'ambiente, diritto tributario o al diritto sindacale.

Il profilo di **ruolo** è proprio la descrizione delle "finalità, responsabilità e competenze" richieste ad un determinato ruolo.

Il _profilo di_ **competenze**, invece, è l'insieme delle competenze necessarie per svolgere un determinato ruolo, descritte rispetto ad un modello ideale di riferimento.

L'individuazione delle famiglie professionali è rilevante ai fini dell'inquadramento giuridico del personale e dell'esigibilità delle mansioni di cui all'articolo 52 del decreto legislativo n. 165/20019. Nel **contratto individuale** occorre infatti indicare, oltre all'area di appartenenza, anche _la specifica famiglia professionale attribuita._

Ovviamente il sistema di retribuzione del personale non dirigente varia in base all'area di riferimento e in base al ruolo ricoperto. Le politiche di retribuzione sono dipendenti dalla congiuntura economica che influenza la capacità di spesa pubblica e dalle politiche aziendali della singola amministrazione.

Riguardo la **Polizia locale**, il nuovo contratto funzioni locali potenzia la sezione contrattuale, riconosce _differenziali stipendiali maggiorati_ per operatori addetti al coordinamento in Area istruttori con possibilità di sviluppo economico pari a per ogni progressione economica maturata. Inoltre eleva il valore massimo dell'indennità di funzione per il personale di polizia locale inquadrato nell'Area dei funzionari e dell'Elevata Qualificazione ed il valore giornaliero massimo per l'indennità di servizio esterno. Incrementa l'_indennità di vigilanza_ su base annua, riconosce il **buono pasto serale**. Con la contrattazione integrativa, infine, prevede la facoltà, per i lavoratori turnisti che abbiano prestato la propria attività in una giornata festiva infrasettimanale, di optare per un numero equivalente di ore di riposo compensativo in luogo della corresponsione di una indennità di turno con una maggiorazione oraria del 100% della retribuzione.

Infine, le maggiori novità previste dal nuovo CCNL per il personale educativo scolastico riguardano:

-la creazione di una sezione contrattuale ad hoc per valorizzare le specificità professionali;

-l'istituzione dei profili in Area funzionari;

-differenziali stipendiali maggiorati per educatrici, docenti e insegnanti inquadrate in area istruttori;

-l'incremento indennità professionale;

-l'Istituzione del profilo del **coordinatore pedagogico** in Area Funzionari.

L'ANALISI DEI FABBISOGNI

L'**analisi dei fabbisogn**i è uno strumento strategico che partendo dal numero di dipendenti cessati dall'amministrazione, può individuare le professioni che _qualitativamente_ sono richieste per accompagnare l'**evoluzione** dell'ente, superando una logica di mera sostituzione delle cessazioni e adottando una prospettiva inter-funzionale nella definizione dei profili mancanti.

In tal modo, nelle intenzioni, la stessa organizzazione assume una struttura agile, in grado di adattare le proprie professionalità e competenze ai mutevoli fabbisogni degli utenti, identificando i profili di ruolo di cui l'amministrazione ha bisogno.

Una corretta analisi dei fabbisogni non può prescindere da tecniche di *job analisys, job description* e *job profiling* per definire, dal punto di vista **qualitativo**, il fabbisogno di personale da reclutare.

Dal concetto di "essere" (**numericamente** inteso) si passerà quindi ad un concetto **generale** che unisce le conoscenze teoriche dei dipendenti ("**sapere**"), le capacità tecniche ("saper **fare**") e quelle comportamentali ("saper **essere**").

E ciò comporterà, inevitabilmente, una progressiva riduzione delle figure amministrative aspecifiche (o *generaliste*) a favore, ad es, di esperti del digitale, di *e-procurement*, di transizione verde, o di *project management*, depennando dall'organico i profili **obsoleti** allo scopo di creare competenze diffuse nel sistema in tema di gestione del personale.

§ 4. L'ACCESSO AL PUBBLICO IMPIEGO

Come abbiamo evidenziato in precedenza, differenze notevoli fra la disciplina del pubblico impiego e quella del lavoro privato permangono, anche a seguito della cd privatizzazione, in materia di **assunzione**, che nel settore pubblico avviene, di regola, mediante **concorso** (ai sensi dell'art 97, co. III, Cost.). Più precisamente il nuovo regolamento (in vigore dal 14 luglio 2023) stabilisce le **modalità di svolgimento dei concorsi**, autorizzando amministrazioni e enti a stabilire la tipologia selettiva più funzionale alla natura dei profili professionali richiesti, tra:

-concorso per **esami**;

-concorso per **titoli** ed **esami**;

-**corso**-concorso.

Cambiano anche i **requisiti generali obbligatori** per accedere ai bandi di concorso, che diventano questi:

-cittadinanza italiana o possesso dei requisiti previsti dall'articolo 38, commi 1, 2 e 3-bis, del decreto legislativo 30 marzo 2001, n. 165;

-maggiore età;

-godimento dei diritti civili e politici;

-idoneità fisica allo specifico impiego, ove richiesta per lo svolgimento della prestazione;

 possesso del titolo di studio richiesto dal bando per accedere al concorso e dei titoli esperienziali eventualmente richiesti;

Per i candidati <u>non cittadini italiani</u> e <u>non titolari dello status di rifugiato</u> o di <u>protezione sussidiaria</u>, il godimento dei diritti civili e politici di cui al comma 1, lettera c), è riferito al Paese di cittadinanza;

Altre regole su requisiti e limiti:

-la partecipazione ai concorsi indetti da pubbliche amministrazioni **non** è

soggetta a limiti di età, salvo deroghe dettate da regolamenti delle singole amministrazioni connesse alla natura del servizio;

-l'amministrazione può sottoporre a **visita medica di controllo** i vincitori di concorso;

-le amministrazioni individuano, per ciascun profilo professionale, il **titolo di studio** o l'**abilitazione professionale** richiesti per accedere al concorso, in coerenza con la disciplina vigente in materia di pubblico impiego e di quanto stabilito nella contrattazione collettiva del relativo comparto;

Non possono essere assunti nelle pubbliche amministrazioni coloro che siano stati <u>esclusi dall'elettorato politico attivo</u>, nonché coloro che siano stati destituiti o dispensati dall'impiego presso una pubblica amministrazione **per persistente insufficiente rendimento**.

Fermo dunque il **principio costituzionale** dell'accesso tramite concorso pubblico, per scegliere i candidati più in linea con i profili ricercati, il legislatore è intervenuto a <u>revisionare le **procedure** di reclutamento</u> del personale pubblico, prevedendo, per i concorsi banditi successivamente al 1° maggio 2022, oltre a forme semplificate di prove (espletamento di almeno **una** <u>prova scritta</u>, che può avere anche un contenuto "tecnico-pratico", e **una orale**, che comprenda l'accertamento della conoscenza di almeno una **lingua straniera**), la "<u>valutazione delle **competenze**</u>" indicate nel bando e, per gli **alti profili**, delle "esperienze lavorative pregresse e pertinenti", nonché la possibilità di integrare le commissioni esaminatrici con <u>esperti in valutazione delle competenze</u> e selezione. Le prove di esame potranno essere precedute da <u>forme di **preselezione**</u>, con *test* predisposti anche da imprese e soggetti specializzati in selezione di personale, nei limiti delle risorse disponibili a legislazione vigente, che possono riguardare l'accertamento delle conoscenze o il possesso delle competenze <u>indicate nel bando</u>.

In altre parole è stato sancito che "le prove di esame **sono finalizzate ad** <u>accertare il possesso delle competenze</u>, intese come <u>insieme delle conoscenze e delle capacità tecniche o manageriali</u>", disponendo un "contemperamento tra l'ampiezza della valutazione delle competenze e l'esigenza di assicurare tempi rapidi e certi di svolgimento del concorso". Le competenze richieste, come detto, devono essere ben **specificate nel bando di concorso e definite in maniera coerente** con la natura dell'impiego per il profilo ricercato, nonché delle abilità residue per i **soggetti disabili**.

Dunque non più solo "conoscenza delle materie d'esame", ma anche <u>competenze a tutto tondo</u>, per accertare le quali si utilizzeranno logiche e strumenti di selezione *competency based,* secondo le metodologie dell'*assessment center* (quello che abbiamo visto prima essere individuato anche per i dirigenti), ossia un sistema che permette attraverso la **simulazione di casi pratici** di acquisire quelle che sono effettivamente le **caratteristiche professionali** (presenti o potenziali) dei vari candidati. E verranno privilegiate le **capacità di ragionamento** rispetto alle conoscenze mnemoniche, per la selezione di figure professionali in possesso anche di competenze ormai imprescindibili negli apparati burocratici, quali le "digital skills" e le "soft skills".

Restano ferme <u>le altre **modalità semplificate**</u> di svolgimento dei concorsi pubblici già previste dal precedente articolo 10 del DL 44/2021, ossia: l'utilizzo di strumenti informatici e digitali e, facoltativamente, lo svolgimento in videoconferenza della prova orale, garantendo comunque l'adozione di soluzioni tecniche che ne assicurino la pubblicità, l'identificazione dei partecipanti, la sicurezza delle comunicazioni e la loro tracciabilità, nel rispetto della normativa in materia di protezione dei dati personali e nel limite delle pertinenti risorse disponibili a legislazione vigente; per i profili qualificati ad elevata specializzazione tecnica, una **fase di valutazione dei titoli** legalmente riconosciuti e strettamente correlati alla natura e alle caratteristiche delle posizioni bandite, ai fini dell'ammissione a successive fasi concorsuali; la possibilità che i titoli, inclusi i titoli di servizio, e l'eventuale esperienza professionale concorrano alla formazione del punteggio finale in misura <u>non superiore a un terzo;</u> in relazione a specifiche esigenze o per scelta organizzativa dell'amministrazione procedente, la possibilità per le amministrazioni di prevedere l'<u>utilizzo di **sedi decentrate**</u> per lo svolgimento delle prove concorsuali, nel rispetto dell'eventuale adozione di misure compensative per lo svolgimento delle prove da parte dei candidati con disabilità (accertata ai sensi della L. 104/1992) o con disturbi specifici dell'apprendimento (accertati ai sensi della L. 170/2010); che le commissioni esaminatrici dei concorsi possono essere <u>suddivise in</u> **sottocommissioni**, per ciascuna delle quali è nominato un **presidente**, con l'integrazione di un numero di componenti pari a quello delle commissioni originarie e di un segretario aggiunto e che la commissione definisca in una seduta plenaria preparatoria procedure e criteri di valutazione omogenei e vincolanti per tutte le sottocommissioni, pubblicati nel sito internet dell'amministrazione procedente contestualmente alla graduatoria finale.

Oggi, secondo recenti indagini, il fabbisogno complessivo del personale nel settore pubblico è stimato intorno alle **770mila unità**, dati che hanno indotto l'amministrazione pubblica ad una seria riflessione per non perdere l'occasione di attrarre e selezionare persone <u>capaci</u> e <u>competenti</u> e reclutare davvero chi serve per misurarsi con le sfide imposte dalle recenti <u>trasformazioni digitali e socioeconomiche</u>

Resta naturalmente l'obbligatorietà dell'assunzione delle persone appartenenti a categorie protette ai sensi della legge sul <u>diritto al lavoro dei</u> **<u>disabili</u>** (L. 68/99).

Allo scopo di conformare l'assunzione di personale alle effettive esigenze delle amministrazioni ed introdurre un fattore di contenimento del costo del lavoro, è previsto che in ciascuna amministrazione l'avvio delle procedure concorsuali sia subordinato alla **programmazione triennale** del **fabbisogno di personale** e, limitatamente alle amministrazioni statali, ad una preventiva deliberazione di autorizzazione del Consiglio dei Ministri.

IL PIAO

Dunque le assunzioni non verranno fatte più secondo la logica del "rimpiazzare" (il cd "numero contro numero", l'"essere" di cui dicevamo prima): per rendere davvero produttiva una struttura e trattenere le migliori professionalità molto dipenderà dal modo di gestire **efficacemente** le persone, con la revisione dei modelli organizzativi secondo una visione strategica delle scelte di programmazione e dando particolare attenzione alla questione del "governo di organici e di professioni".

In questo contesto si inquadra la costruzione di un nuovo strumento: il **<u>Piano integrato di attività e di organizzazione</u>** (PIAO), nato con lo scopo di migliorare il processo di <u>programmazione</u> e <u>pianificazione strategica</u> delle amministrazioni pubbliche.

Il Piano ha <u>durata</u> **triennale**, ma aggiornato annualmente, e **<u>definisce</u>**:

a)gli **obiettivi programmatici e strategici** della *performance* secondo i principi e criteri direttivi di cui all'articolo 10 del decreto legislativo 27 ottobre 2009, n. 150, stabilendo il necessario collegamento della performance individuale ai risultati della performance organizzativa;

b)la strategia di gestione del capitale umano e di sviluppo organizzativo, anche mediante il ricorso al lavoro agile, e gli obiettivi formativi annuali e pluriennali, finalizzati ai processi di pianificazione secondo le logiche del *project management*, al raggiungimento della completa **<u>alfabetizzazione digitale</u>**, allo sviluppo delle conoscenze tecniche e delle competenze trasversali e manageriali e all'accrescimento culturale e dei titoli di studio del personale, correlati all'ambito d'impiego e alla progressione di carriera del personale;

c)compatibilmente con le risorse finanziarie riconducibili al piano triennale dei fabbisogni di personale, di cui all'articolo 6 del decreto legislativo 30 marzo 2001, n.

165, gli **strumenti e gli obiettivi del reclutamento di nuove risorse** e della valorizzazione delle risorse interne, prevedendo, oltre alle forme di reclutamento ordinario, la percentuale di posizioni disponibili nei limiti stabiliti dalla legge destinata alle progressioni di carriera del personale, anche tra aree diverse, e le modalità di **valorizzazione** a tal fine dell'esperienza professionale maturata e dell'accrescimento culturale conseguito anche attraverso le attività poste in essere ai sensi della lettera b), assicurando adeguata informazione alle organizzazioni sindacali;

d)gli **strumenti e le fasi per giungere alla piena trasparenza** (dei risultati) dell'attività e dell'organizzazione amministrativa nonché per raggiungere gli obiettivi in materia di contrasto alla corruzione, secondo quanto previsto dalla normativa vigente in materia e in conformità agli indirizzi adottati dall'Autorità nazionale anticorruzione (ANAC) con il Piano nazionale anticorruzione;

e)l'elenco delle procedure da semplificare e reingegnerizzare ogni anno, anche mediante il ricorso alla tecnologia e sulla base della consultazione degli utenti, nonchè la pianificazione delle attività inclusa la graduale misurazione dei tempi effettivi di completamento delle procedure effettuata attraverso strumenti automatizzati;

f)le modalità e le azioni finalizzate a realizzare la **piena accessibilità** alle amministrazioni, fisiche e digitali, da parte dei cittadini ultrasessantacinquenni e dei cittadini con disabilità;

g)le modalità e le azioni finalizzate al **pieno rispetto della parità di genere**, anche con riguardo alla composizione delle commissioni esaminatrici dei concorsi.

Il piano riunisce **in un unico atto** tutti quei documenti di programmazione, finora inseriti in piani differenti, relativi alla gestione delle risorse umane, all'organizzazione dei dipendenti nei vari uffici, alla formazione, alla modalità di prevenzione della corruzione.

LE NOVITÀ DEL DECRETO PA 2023

Il cd Decreto PA (DL **22/04/2023 n 44**) è stato approvato alla Camera dei Deputati il 6 giugno 2023. Il provvedimento diventerà legge a tutti gli effetti solo dopo il passaggio al Senato che deve avvenire, pena scadenza del Decreto, entro il **21 giugno 2023**.

Questi i punti salienti riguardanti le assunzioni nei diversi settori del pubblico impiego:

-la previsione che fino al 31 dicembre 2026 i bandi di concorso **possono** prevedere (senza imporre alcun obbligo, dunque a discrezione dell'amministrazione che indice il concorso), per **profili non apicali** (es, funzionari) lo svolgimento della **sola** prova scritta;

-la statuizione di criteri per cui un candidato debba ritenersi "idoneo": la normativa stabilisce che nei concorsi pubblici siano considerati **idonei** i candidati collocatisi, nella graduatoria finale, entro il 20% dei posti successivi all'ultimo di quelli banditi. In caso di rinuncia all'assunzione o di dimissioni del lavoratore intervenute entro 6 mesi dall'assunzione, l'Amministrazione può procedere allo **scorrimento** della graduatoria (articolo 1-bis, comma 1, lettera a), punto 2). La regola, che rientra nella generale riforma dei concorsi pubblici in via di definizione, mira a ridurre i tempi e riuscire, in **sei mesi**, a passare dalla **pubblicazione** del bando all'**assunzione** del personale;

-le <u>nuove modalità di reclutamento del personale con i **concorsi unici**</u>. Il personale di **FormezPA** può essere utilizzato **anche** per la costituzione dei **comitati di vigilanza** nell'ambito dei cd "concorsi unici" ovvero quelli banditi dalla Commissione **RIPAM** (articolo 1-bis, comma 1, lettera a, punto 1). Il testo specifica inoltre che i concorsi unici possono essere organizzati **su base territoriale**.

L'amministrazione inoltre può coprire i posti non assegnati mediante scorrimento delle graduatorie degli idonei non vincitori del medesimo profilo in altri ambiti territoriali confinanti con il maggior numero di idonei (articolo 1-bis, comma 1, lettera b);

-l'istituzione di un **<u>criterio di esclusività</u>**: i concorsi unici organizzati su base territoriale devono escludere la possibilità di presentazione di una domanda di partecipazione per più di un profilo professionale. Inoltre, nell'ambito del profilo scelto, sarà possibile presentare una sola domanda per distretto territoriale. Tale divieto dovrà essere inserito nei bandi.

In sostanza, chi partecipa a un concorso pubblico, anche se bandito su base nazionale, dovrà scegliere la Regione per la quale partecipare e potrà concorrere solo per quella. Potranno esserci degli slittamenti da un ambito territoriale all'altro, solo se in una non vi saranno abbastanza candidati idonei. Però, il trasferimento potrà avvenire solo tra Regioni **confinanti**.

-la <u>riserva prevista</u> dall'articolo 1, c 9 *bis* del testo convertito, che prevede, in favore degli operatori volontari che hanno concluso **senza demerito** il servizio civile universale, una riserva di posti pari al 15% nelle assunzioni di personale **non** dirigenziale presso le PA. Stesso discorso anche per le assunzioni presso le aziende speciali e le istituzioni strumentali all'attività degli Enti locali;

-i <u>nuovi contratti</u>: l'articolo 3 *ter* del decreto riconosce, a determinate Pubbliche Amministrazioni, fino al 31 dicembre 2026, la possibilità di assumere, nel limite del 10% delle loro facoltà assunzionali, giovani **laureati** con **contratto di apprendistato** o, attraverso apposite convenzioni, **studenti** di età inferiore a 24 anni con **contratto di formazione e lavoro**, da inquadrare nell'area funzionari. Alla scadenza dei contratti, e nei limiti delle facoltà assunzionali di ciascuna Amministrazione, il rapporto di lavoro potrà trasformarsi **a tempo indeterminato**, a condizione della sussistenza dei requisiti per l'accesso al pubblico impiego e della valutazione positiva del servizio prestato;

-<u>nuovi requisiti per l'accesso all'impiego presso gli Enti pubblici</u> **territoriali**. Il comma 5 *bis* dell'articolo 3 del decreto prevede che i regolamenti delle Regioni, delle Province, delle Città metropolitane e dei Comuni (previa intesa sancita in sede di Conferenza unificata Stato Regioni-Province autonome-Città ed autonomie locali) possano individuare, per l'accesso all'impiego presso il relativo Ente, **requisiti ulteriori** rispetto a quelli stabiliti dalla disciplina generale, purchè rispondenti ad esigenze di **specificità territoriale**.

-<u>la mobilità interregionale dei dirigenti scolastici</u>: l'articolo 5, comma 20 *bis* del testo modifica la procedura di mobilità interregionale dei dirigenti scolastici (DS). In particolare prevede che, per le operazioni di mobilità dei DS dell'anno scolastico 2023-2024, sia resa disponibile la percentuale del 100% dei posti vacanti in ciascuna Regione. A decorrere dall'anno scolastico 2023-2024, potranno essere disposte assegnazioni di docenti e dirigenti scolastici nel limite massimo di 150 unità di personale presso alcuni Enti e Associazioni.

-la previsione di riserve a favore delle zone impegnate nella ricostruzione post-sisma: il decreto stabilisce che le Regioni Abruzzo, Lazio, Marche e Umbria possono prevedere, fino al 31 dicembre 2026, nell'ambito dei concorsi pubblici per il reclutamento di personale dirigenziale, una riserva di posti non superiore al 50% in favore del personale che abbia maturato **con pieno merito** almeno **trentasei** mesi di servizio, anche non continuativi, negli ultimi **otto** anni, presso gli Uffici speciali per la ricostruzione (in relazione agli eventi sismici del 2009 e del 2016).

-la previsione che le istituzioni di **Alta Formazione Artistica e Musicale** (AFAM) e le università, nell'ambito della propria autonomia, istituiscano un **docente delegato** con funzioni di **coordinamento, monitoraggio** e **supporto** di tutte le iniziative concernenti l'**integrazione**. Tale docente avrà anche il ruolo di sostegno ad azioni specifiche per promuovere l'inclusione degli studenti, ivi comprese l'attivazione o il potenziamento di servizi di supporto al **benessere psicologico** nell'ambito dell'istituzione o dell'ateneo;

-la previsione, all'articolo 1, comma 4 *bis*, del **trattenimento in servizio**, per un periodo "in ogni caso non eccedente il 31 dicembre 2026", dei **dirigenti** titolari di incarichi di funzione dirigenziale di livello generale o di livello superiore. Il trattenimento in servizio è un istituto che consente ai dipendenti pubblici di rimanere sul posto di lavoro per un ulteriore lasso di tempo oltre il raggiungimento dell'età di vecchiaia. Vietato nella maggior parte dei casi, torna attivo con il Decreto PA in specifici contesti. La deroga vale per i dirigenti in possesso di specifiche professionalità e anche per i dirigenti che non siano dipendenti pubblici di ruolo;

-l'estensione dell'aspettativa non retribuita: l'articolo 1, comma 12 *quater*, introdotto dal Parlamento, estende a **trentasei** mesi il periodo massimo di aspettativa non retribuita riconosciuto ai dipendenti pubblici (prima era di dodici mesi). La misura interviene a modificare l'articolo 18, comma 1, della **L n. 183 del 2010** e si riferisce al periodo massimo di aspettativa, senza assegni e senza decorrenza dell'anzianità di servizio, riconosciuto ai dipendenti pubblici, periodo rinnovabile per una sola volta, anche per avviare attività professionali e imprenditoriali;

-la previsione di percorsi di **inclusione sociale**: l'articolo 3, comma 3 bis del decreto disciplina l'inquadramento, nelle relative piante organiche, da parte delle amministrazioni comunali della Regione Calabria, di **tirocinanti** rientranti in percorsi di inclusione sociale;

-la proroga di un anno (dal 30 giugno 2023 al 30 giugno 2024), della disposizione del Decreto semplificazioni 2020 (DL n 76 del 2020) sul cd "scudo erariale". Lo scudo, confermato fino al 30 giugno 2024, **limita** in via transitoria **la responsabilità erariale** di amministratori, dipendenti pubblici e privati cui è affidata la gestione di pubbliche risorse. La tutela riguarda i danni cagionati dalle condotte fatte con *dolo*, escludendo quindi ogni responsabilità per **colpa grave.**

-alcune modifiche al **PIAO**: il decreto prevede che tra i contenuti necessari del **Piano integrato di attività e organizzazione** (PIAO), le amministrazioni indichino gli obiettivi, le risorse e le metodologie per la formazione del personale; i dirigenti e i funzionari al loro interno, chiamati a realizzare le attività di formazione; e le **risorse necessarie** ad assolvere gli obblighi formativi per il personale;

-l'innalzamento da 5.000 a 15.000 abitanti della soglia demografica, entro la quale è riconosciuta ai Comuni la possibilità di servirsi dell'attività lavorativa di dipendenti a tempo pieno di altre PA, purché **autorizzati** dall'Amministrazione di provenienza.

§ 5. LE TIPOLOGIE CONTRATTUALI

Abbiamo visto come la legge (nella fattispecie il DLgs. 165/2001) riconosca alle Pubbliche Amministrazioni la facoltà di avvalersi delle **forme contrattuali flessibili** di assunzione e di impiego del personale previste dal codice civile e dalle leggi sui rapporti di lavoro subordinato nell'impresa (contratto a tempo determinato, formazione e lavoro, part-time, telelavoro).

Differentemente dal privato però, nel lavoro pubblico tali tipologie contrattuali **non possono mai** essere convertite automaticamente in rapporti lavoro a tempo indeterminato. Nelle ipotesi violazione delle norme imperative, tuttavia, il lavoratore interessato ha diritto al risarcimento del danno derivante dalla prestazione di lavoro in violazione di disposizioni imperative e le amministrazioni hanno l'obbligo di rivalsa nei confronti dei dirigenti eventualmente responsabili, qualora la violazione sia dovuta a dolo o colpa grave di questi.

§ 6. LA CONTRATTAZIONE COLLETTIVA

L'assoggettamento del rapporto di lavoro dei dipendenti pubblici alla disciplina di cui si è detto ha comportato necessariamente la **contrattualizzazione** dello stesso. Infatti, con la riforma del 1993, si attribuì il ruolo di fonte diretta e primaria di regolamentazione del rapporto ai contratti collettivi, eliminando la necessità della loro recezione in atti a carattere normativo e realizzando, al tempo stesso, una notevole semplificazione del procedimento per la loro stipula.

L'art. 40 del **DLgs. 165/2001** stabilisce che la contrattazione collettiva si svolge su tutte le materie attinenti il rapporto di lavoro e le relazioni sindacali e si sviluppa su **due** livelli:

-contratti **nazionali collettivi** di comparto. Si fonda in via principale sui contratti collettivi di comparto, cioè settori omogenei o affini, determinati mediante appositi accordi tra l'**Agenzia per la rappresentanza negoziale della pubblica amministrazione** (ARAN) e le confederazioni sindacali maggiormente rappresentative;

-contratti **integrativi**. Stipulati dalle Pubbliche Amministrazioni nel rispetto delle materie e dei limiti prefissati dai contratti nazionali di comparto, che, quindi, si pongono come fonte normativa di grado superiore.

In sede di contrattazione collettiva, la PA è rappresentata dall'ARAN organismo tecnico dotato di personalità giuridica e sottoposto alla vigilanza della Presidenza del Consiglio dei ministri - Dipartimento della funzione pubblica, che si sostituisce alle preesistenti delegazioni pubbliche differenziate per i singoli comparti e facilmente permeabili alle influenze politico-clientelari. Dal lato dei lavoratori negoziano i delegati delle associazioni sindacali dotate di maggiore rappresentatività.

§ 7. PROCEDIMENTO ED EFFICACIA DEL CONTRATTO COLLETTIVO

Con vari interventi normativi, il legislatore ha inteso semplificare e rendere più spedito il procedimento di **contrattazione collettiva**.

Attualmente il procedimento di contrattazione è disciplinato dall'art. 47 del DLgs 165/2001 che recepisce le novità introdotte dai citati decreti legislativi. La procedura si svolge con le seguenti modalità:

-prima di ogni rinnovo contrattuale i comitati di settore deliberano gli indirizzi per l'ARAN che successivamente dà **avvio** alle trattative;

-raggiunta l'ipotesi d'accordo, l'ARAN invia il testo contrattuale al comitato di settore per acquisirne il parere che deve essere reso in 5 giorni;

-se il parere è **negativo**, <u>si riaprono le trattative</u>. Se il parere è favorevole, l'ARAN trasmette la quantificazione dei costi contrattuali alla Corte dei Conti ai fini della certificazione della compatibilità del contratto con i vincoli di bilancio;

-la Corte dei Conti deve deliberare entro 15 gionri la compatibilità dei costi contrattuali;

-in caso di parere **positivo**, oppure siano inutilmente trascorsi 15 giorni dalla richiesta di certificazione, <u>l'ARAN sottoscrive l'accordo</u>. In caso di esito negativo, invece, devono essere assunte le iniziative necessarie a riportare gli oneri contrattuali nei vincoli di bilancio o, in caso di impossibilità, riavviate le procedure negoziali.

In merito all'**efficacia** del contratto collettivo, l'art. 40 del DLgs 165/01 dispone che le pubbliche amministrazioni adempiono agli obblighi assunti con i contratti collettivi nazionale o integrativi <u>dalla data della sottoscrizione definitiva</u> e ne assicurano l'osservanza nelle forme previste dai rispettivi ordinamenti.

§ 8. LE MANSIONI DEL DIPENDENTE PUBBLICO

Secondo quanto disposto dall'art. 52 del DLgs. 165/2001, il dipendente pubblico **può essere adibito** normalmente **solo alle mansioni per le quali è stato assunto** oppure considerate **equivalenti** nell'ambito della classificazione professionale prevista dai contratti collettivi. Può altresì essere adibito alle mansioni corrispondenti alla qualifica superiore che abbia successivamente acquisito per effetto dello sviluppo professionale o di procedure concorsuali selettive.

Per obiettive esigenze di servizio, il prestatore di lavoro può comunque essere adibito **temporaneamente** a mansioni proprie della qualifica immediatamente superiore con il diritto, solo per il periodo di effettiva prestazione, al trattamento previsto per tale qualifica:

-nel caso di vacanza di posto in organico, per non più di sei mesi;

-nel caso di sostituzione di altro dipendente assente con diritto alla conservazione del posto di lavoro (escluse le ferie).

§ 9. LA RESPONSABILITÀ DISCIPLINARE ED IL CODICE DI COMPORTAMENTO

Anche la materia della responsabilità disciplinare del dipendente pubblico è stata attratta nell'operazione di privatizzazione del pubblico impiego, con assimilazione della relativa disciplina a quella privatistica.

Dispone infatti l'art. 55 del citato DLgs 165 del 2001, Testo Unico del Pubblico Impiego, **TUPI** (come modificato da leggi successive) che, ferma restando la disciplina attualmente in vigore in materia di responsabilità civile, amministrativa, penale e contabile, ai dipendenti delle amministrazioni pubbliche con rapporto di lavoro **privatizzato** si applicano **l'art. 2106** del codice civile e **l'art. 7, commi I, V e VIII**, della legge **20 maggio 1970, n. 300**.

Circa il **procedimento** *disciplinare* che è previsto eventualmente a carico del dipendente che non si è attenuto ai doveri del suo incarico, la normativa prevista è, negli ultimi anni, a causa dell'ondata di scandali che hanno tenuto il lavoro pubblico nell'occhio costante dei media, in una sorta di "continuo divenire".

Con le ultime riforme, in particolare il DLgs. 150/09 (riforma BRUNETTA), il DLgs 116/2016 (riforma MADIA), ed il DLgs 75/2017, il legislatore ha provveduto a riformare il procedimento disciplinare a carico dei dipendenti pubblici tendendo a **snellire** e **semplificare** le relative procedure, sempre con l'intento di perseguire gli obiettivi di maggiore efficienza e di miglioramento della produttività del personale delle pubbliche amministrazioni.

Tra le modifiche apportate al procedimento, rilevanti sono state quelle all'articolo 55 quater del TUPI, ("**falsa attestazione della presenza in servizio**, mediante l'alterazione dei sistemi di rilevamento della presenza o con altre modalità fraudolente"), al fine di attribuire rilievo in sede disciplinare anche ai comportamenti *attivi* ed *omissivi* di coloro che abbiano agevolato la condotta fraudolenta di altri.

In particolare, si prevede che costituisca falsa attestazione della presenza in servizio qualunque modalità fraudolenta posta in essere dal dipendente, anche con la collaborazione di terzi, per far risultare lo stesso in servizio o per trarre in inganno l'amministrazione circa il rispetto dell'orario di lavoro.

È stato inoltre prevista (comma 3 *bis* art. 55 quater) la **sospensione cautelare** del dipendente pubblico in caso di falsa attestazione della presenza in servizio accertata in flagranza ovvero mediante strumenti di sorveglianza o di registrazione degli accessi o delle presenze. In particolare, la sospensione, di carattere *obbligatorio*, è disposta, con provvedimento motivato, dal responsabile della struttura di appartenenza del soggetto (o, laddove ne venga a conoscenza per primo, dall'ufficio per i procedimenti disciplinari - UPD), in via immediata o comunque entro 48 ore dal momento in cui ne sia venuto a conoscenza.

Si introduce (comma 3 *quater*) anche una **specifica azione di responsabilità** per danni di immagine della PA nei confronti del dipendente assenteista.

Infine, sempre per i casi di assenteismo grave, il nuovo comma 3 quinquies dell'art. 55 quater DLgs. 165/2001 amplia la responsabilità disciplinare dei dirigenti o, negli enti privi di qualifica dirigenziale, dei responsabili di servizio competenti. In particolare, si prevede che le condotte omissive (mancata attivazione del procedimento disciplinare; mancata adozione del provvedimento di sospensione cautelare) costituiscano illeciti disciplinari punibili con il licenziamento.

Infine il successivo comma 9 *quater* introdotto sempre dal DLgs. 75/2017 riguarda il "personale docente, educativo e amministrativo, tecnico e ausiliario (**ATA**) presso le istituzioni scolastiche ed educative statali", stabilendosi che i relativi procedimenti disciplinari sono assoggettati alla procedura di cui al medesimo art. 55 *bis* e che "per le infrazioni per le quali è prevista l'irrogazione di sanzioni fino alla sospensione dal servizio con privazione della retribuzione per dieci giorni è di competenza del responsabile della struttura in possesso di qualifica dirigenziale", in mancanza del quale "o comunque per le infrazioni punibili con sanzioni più gravi di quelle indicate nel primo periodo, il procedimento disciplinare si svolge dinanzi all'Ufficio competente per i procedimenti disciplinari".

A prescindere dalla diversa incisività imposta all'azione di contrasto del fenomeno legato all'assenteismo fraudolento, restano invariati la **modalità** di svolgimento del procedimento disciplinare in generale, ed il principio di **proporzionalità** della sanzione irrorata in base al tipo di infrazione compiuta dal dipendente.

IL CODICE DI COMPORTAMENTO

Il dipendente pubblico è tenuto ad osservare i generali doveri di **diligenza, fedeltà** ed **obbedienza** si sensi degli artt 2014 e 2015 cc previsti anche per i lavoratori del settore privato; oltre a questi, lo stampo pubblicistico del rapporto impone gli **specifici doveri** di **fedeltà alla Repubblica**, e di **imparzialità** e **buon andamento** del proprio operato ai fini di mantenere inalterato il rapporto di fiducia tra ente e cittadino.

Il nuovo "**Codice di comportamento**" (DPR 16/04/2013 n 62) stabilisce proprio i doveri minimi di diligenza, lealtà ed imparzialità a cui deve ispirarsi l'azione di ogni dipendente. Questi poi non potrà mai chiedere o accettare regali o altre utilità in cambio del suo normale operato. Si fa eccezione per regali di "modico valore", dove per "modico" si intende qualcosa il cui valore non ecceda gli euro 150 (anche sotto forma di sconto).

Il codice è stato riformato con **decreto 13 giugno 2023, n. 81** entrato in vigore lo scorso 14 luglio 2023. Le modifiche danno attuazione dell'articolo 4 del decreto-legge 30 aprile 2022, n. 36, convertito con legge 29 giugno 2022, n. 79, di attuazione del Piano nazionale di ripresa e resilienza (PNRR). Tra le principali novità che compaiono nel DPR segnaliamo la responsabilità attribuita al **dirigente** per la <u>crescita professionale dei collaboratori,</u> e per favorirne le occasioni di formazione e le opportunità di sviluppo, l'espressa previsione della <u>misurazione della performance</u> dei dipendenti anche sulla base del raggiungimento dei risultati e del loro comportamento organizzativo; l'imposizione di <u>comportamenti</u> che sono <u>atti a prevenire il compimento di illeciti</u> al fine di anteporre l'interesse pubblico a quello privato, l'espressa previsione del <u>divieto di discriminazione</u> basato sulle condizioni personali del dipendente, quali ad esempio orientamento sessuale, genere, disabilità, etnia e religione; la previsione che le condotte personali dei dipendenti realizzate attraverso l'<u>utilizzo dei social media</u> non debbano in alcun modo essere riconducibili all'amministrazione di appartenenza o lederne l'**immagine** ed il **decoro**, rispetto dell'ambiente, per contribuire alla riduzione del consumo energetico, della risorsa idrica e tra gli obiettivi anche la riduzione dei rifiuti e il loro riciclo.

§ 10. MOBILITÀ INDIVIDUALE E COLLETTIVA

In materia di **mobilità** dispongono gli artt. 30–34 del DLgs 165 del 2001, i quali ne individuano **quattro** ipotesi:
-passaggio diretto di personale da una amministrazione ad un'altra;
-passaggio di dipendenti per effetto di trasferimento di attività;
-scambio di funzionari appartenenti a Paesi diversi e temporaneo servizio all'estero;
-mobilità collettiva per effetto di eccedenze di personale.
Il trasferimento di personale, attuato a livello individuale, può avvenire:
-nell'ambito dello stesso comparto o di un comparto diverso qualora sia necessario ricoprire posti vacanti in organico, <u>con il consenso dei tre soggetti interessati,</u> cioè dell'amministrazione di appartenenza, dell'amministrazione che in questo modo vuole ricoprire posti in organico e del dipendente;
-con trasferimento del dipendente presso organismi comunitari, amministrazioni pubbliche degli Stati membri dell'Unione Europea o enti internazionali cui l'Italia aderisce. Tale trasferimento, che giuridicamente può configurarsi come *distacco* o *missione* o *trasferta*, si caratterizza per la temporaneità e per il permanere del rapporto di lavoro con la PA di appartenenza.
A tali ipotesi va aggiunta quella del passaggio di dipendenti in caso di trasferimento di attività, che si verificano in particolare <u>quando,</u> anche per effetto del processo di privatizzazione, <u>attività e servizi pubblici passano ad enti e società pubbliche o private</u>. Al personale che passa alle dipendenze di tali soggetti ai applica l'art. 2112 c.c. e si osservano le procedure di informazione e di consultazione di cui all'art. 47, commi da 1 a 4, della legge n. 428 del 1990.
La mobilità **collettiva** è invece una procedura che si attiva nel momento in cui le

pubbliche amministrazioni rilevino eccedenze di personale e trova applicazione quando l'esubero di personale riguarda almeno dieci dipendenti, numero nell'arco di un anno.

Le pubbliche amministrazioni sono tenute ad informare preventivamente le rappresentanze unitarie del personale e le organizzazioni sindacali firmatarie del contratto collettivo nazionale del comparto o area. Entro dieci giorni dal ricevimento della comunicazione, a richiesta delle organizzazioni sindacali si procede all'esame della cause che hanno contribuito a determinare l'eccedenza del personale e delle possibilità di diversa utilizzazione del personale eccedente, o di una sua parte. La procedura si conclude, decorsi 45 giorni dalla data del ricevimento della comunicazione, o con l'accordo o con apposito verbale nel quale sono riportate le diverse posizioni delle parti. Conclusa la procedura in esame, l'amministrazione colloca in disponibilità il personale che non sia possibile impiegare diversamente nell'ambito della medesima amministrazione e che non sia possibile impiegare diversamente nell'ambito della medesima amministrazione e che non possa essere ricollocato presso altre amministrazioni, ovvero che non abbia preso servizio presso la diversa amministrazione che, secondo gli accordi intervenuti, ne avrebbe consentito la ricollocazione.

Il collocamento in disponibilità può essere disposto, senza attivare la procedura di mobilità collettiva, anche in caso di eccedenze per un numero inferiore a dieci unità.

Infine l'articolo **6** del cd <u>decreto PNRR 2</u>, al comma 1, lettera a) e lettera b), capoverso 1-*quater*, modifica, con decorrenza dal 1° luglio 2022, la disciplina concernente l'avviso dell'avvio di una procedura di **mobilità volontaria** da parte di una pubblica amministrazione e le relative comunicazioni da parte dei pubblici dipendenti interessati.

Le amministrazioni possono ricoprire posti vacanti in organico mediante <u>passaggio diretto</u> di dipendenti "appartenenti a una qualifica corrispondente e in servizio presso altre amministrazioni, che facciano domanda di trasferimento". È richiesto il previo assenso dell'amministrazione di appartenenza nel caso in cui si tratti di posizioni dichiarate motivatamente infungibili dall'amministrazione cedente o di personale assunto da meno di tre anni o qualora la mobilità determini una carenza di organico superiore al 20 per cento nella qualifica corrispondente a quella del richiedente. Le disposizioni non si applicano al personale delle aziende e degli enti del servizio sanitario nazionale e degli enti locali con un numero di dipendenti a tempo indeterminato non superiore a 100 per i quali è comunque richiesto il previo assenso dell'amministrazione di appartenenza.

§ 11. LA RIFORMA DELLA DIRIGENZA PUBBLICA

L'infinita opera di rinnovamento della Pubblica Amministrazione italiana, ha prodotto, negli anni passati, una numerosa serie di **riforme** e **controriforme** aventi ciascuna l'ambiziosa pretesa di "ammodernare" e rendere "efficiente e trasparente" il suo agire, anche ai fini di un'efficace prevenzione del fenomeno corruttivo che, da

Tangentopoli in poi, si è scoperto essere una triste pratica diffusa su larga scala.

E spesso, un'opera siffatta, si è pensato di farla partire dalla "testa" dell'apparato, ossia dalla sua classe dirigente, perchè l'imparzialità ed il buon andamento dell'amministrazione (di cui al co I dell'art. 97 della Costituzione) sono assicurati anche con una congrua scelta di chi andrà a dirigere le sedi e gli uffici di ogni amministrazione.

Per tale motivo sono stati diversi i tentativi di incidere sul suo rendimento, sin dagli anni Settanta del secolo scorso, quando, con il DPR n. 748 del 1972, si parlò per la prima volta, esplicitamente, di "dirigenza pubblica" e si individuarono le tre posizioni di Dirigente Generale, Dirigente Superiore e Primo Dirigente; qui, senza alcuna pretesa di completezza, ne ricordiamo i più recenti.

Subito dopo le due tappe della cd "privatizzazione" del pubblico impego, nel 1992 e nel 1997, fu varata la **legge n. 145 del 2002** (Legge **FRATTINI**), vera e propria riforma della dirigenza, che ha introdotto numerose novità, riguardanti:

-il ripristino dei ruoli separati per ciascuna amministrazione dello Stato e la contestuale abrogazione del ruolo unico interministeriale dei dirigenti istituito presso la Presidenza del Consiglio dei Ministri - Dipartimento della Funzione pubblica;

-la possibilità per il Governo, ad ogni inizio di legislatura, di confermare o revocare i dirigenti nominati negli ultimi sei mesi del precedente Governo. Coloro che non verranno confermati, svolgeranno "su richiesta degli organi di vertice delle amministrazioni che ne abbiano interesse, funzioni ispettive, di consulenza, studio e ricerca o altri incarichi specifici previsti dall'ordinamento";

-gli incarichi presso enti, società, agenzie possono essere confermati, revocati, modificati, rinnovati entro il termine di sei mesi dal voto di fiducia al Governo. Decorso tale termine, gli incarichi per i quali non si sia provveduto si intendono confermati fino alla loro naturale scadenza;

-la deroga al Testo unico sugli impiegati civili dello Stato, riguardante i dirigenti pubblici che possono, su richiesta, essere collocati in aspettativa senza assegni per svolgere attività presso enti pubblici o privati senza perdere la qualifica posseduta. Nel caso di attività presso soggetti diversi dall'amministrazione pubblica, l'aspettativa non può superare i cinque anni e non è computabile ai fini del trattamento di quiescenza e previdenza.

-solo a determinate condizioni, l'assegnazione temporanea di personale presso imprese private; il servizio prestato dai dipendenti in tale periodo costituisce titolo valutabile ai fini della progressione in carriera.

-l'accesso di dipendenti privati allo svolgimento di incarichi internazionali.

Negli anni dunque, in cui il lavoro pubblico, cominciava ad essere assimilato a quello privato, la comunicazione tra dirigenza pubblica e mondo del lavoro privato ha seguito una diversa via: quella della nomina *fiduciaria* (o chiamata **diretta**), con incarichi temporanei e soggetti alla regola della <u>rotazione</u>.

Criterio che si rivelerà stonato ed evidentemente perturbatore del sistema che doveva assurgere a "modello italiano" di selezione della classe dirigenziale con il rilancio della

Scuola della Pubblica Amministrazione, e che invece, di fatto, aveva consegnato alla politica un potere pressoché arbitrario di scegliere e rimuovere liberamente i propri dirigenti.

Ulteriori modifiche al DLgs. n. 165 del 2001, in particolare per quanto concerne gli incarichi dirigenziali, sono state apportate dalla successiva **legge 17 agosto 2005, n. 168**, con la quale è stato convertito il decreto-legge 30 giugno 2005, n. 115.

La legge ha ridisegnato il ruolo dell'alta burocrazia e i rapporti tra questa e i vertici politici. Tre sono le coordinate chiave per comprendere questo passaggio: la **nuova disciplina delle funzioni**; la **ridefinizione dei rapporti interorganici**; le **nuove fattispecie di responsabilità**.

Da ultimo l'inattuata riforma prevista dalla **L. 7 agosto 2015, n. 124** (Legge MADIA) in vigore dal 28 agosto 2015, che ha cercato di introdurre una netta distinzione dei ruoli tra i due fondamentali attori dell'azione amministrativa, la politica, da un lato, e l'amministrazione, dall'altro.

Tra le principali novità previste, la definizione di un nuovo testo unico sul pubblico impiego, una corposa delega sulla dirigenza pubblica, e l'introduzione di nuovi criteri di valutazione della performance dei dipendenti pubblici.

La Corte Costituzionale ha, in extremis, bocciato alcuni passi della legge ed impedito, ad oggi, ulteriori riforme.

LO SPOIL SYSTEM

Come abbiamo già accennato nei capi precedenti, con il termine *spoil system* viene indicata la **facoltà** attribuita alla classe politica vincitrice in una competizione elettorale, di collocare **persone di sua fiducia** nei posti chiave dell'apparato burocratico.

Il fenomeno, di derivazione statunitense, riguarda sia gli incarichi dirigenziali apicali delle amministrazioni statali sia quelli che avvengono negli enti territoriali. Sono incarichi "**a tempo**" che durano finché restano in carica gli amministratori che li hanno concessi: ad es, nel caso di di incarichi nelle amministrazioni statali, questi cessano subito dopo il voto che conferma la fiducia al Governo subentrante. Ovviamente, se le figure nominate sono già dipendenti delle pubbliche amministrazioni, conservano il diritto al posto nell'ambito del ruolo svolto in precedenza.

§ 12. LA TUTELA GIURISDIZIONALE

Il naturale corollario della sottoposizione dei pubblici dipendenti alla disciplina civilistica del rapporto di lavoro subordinato è la devoluzione al **giudice ordinario** di tutte le controversie afferenti al pubblico impiego, incluse quelle riguardanti gli istituti e le scuole di ogni ordine e grado e le istituzioni educative (art. 63 DLgs. 165/2001), ad eccezione di quelle relative ai rapporti di lavoro *non* privatizzati.

Alla giurisdizione del giudice amministrativo restano le controversie relative ai rapporti di lavoro delle categorie **non** contrattualizzate di cui all'art. 3 DLgs. 165/2001 e quelle in materia di procedure concorsuali per l'assunzione dei dipendenti delle pubbliche amministrazioni.

§ 13. L' ULTIMA RISTRUTTURAZIONE DEL PUBBLICO IMPIEGO

Negli anni successivi al varo del TUPI e alla riforma della dirigenza pubblica, diversi altri interventi del legislatore hanno riguardato il pubblico impiego. Tra queste l'ampia novella avviata dalla legge delega 4 marzo 2009, n. 15, finalizzata all'ottimizzazione della produttività del lavoro pubblico e all'efficienza e trasparenza delle pubbliche amministrazioni, mediante diversi interventi tra cui la revisione della disciplina del rapporto di lavoro dei dipendenti pubblici in modo funzionale agli obiettivi prefissati dal legislatore (art. 2); la modifica la disciplina della contrattazione collettiva; la modifica della disciplina del sistema di valutazione delle strutture e dei dipendenti delle amministrazioni pubbliche (art. 4); l'introduzione nell'organizzazione delle pubbliche amministrazioni di strumenti di valorizzazione del merito e metodi di incentivazione della produttività e della qualità della prestazione lavorativa (art. 5); un'ulteriore modifica della disciplina della dirigenza pubblica, e, infine, la modifica della disciplina delle sanzioni disciplinari e della responsabilità dei dipendenti pubblici, al fine di potenziare il livello di efficienza degli uffici contrastando i fenomeni di scarsa produttività ed assenteismo (art. 7).

La legge delega ha avuto attuazione con il DLgs. 27 ottobre 2009, n. 150 che ha introdotto da un lato nuovi istituti (titoli I-III), dall'altro modifiche sostanziali al testo unico del 2001 in materia di dirigenza, mobilità, contrattazione collettiva nazionale e integrativa, responsabilità dei dipendenti, e sanzioni disciplinari (titolo IV), al fine di assicurare "una migliore organizzazione del lavoro, il rispetto degli ambiti riservati rispettivamentealla legge e alla contrattazione collettiva, elevati standard qualitativi ed economici delle funzioni e dei servizi, l'incentivazione della qualità della prestazione lavorativa, la selettività e la concorsualità nelle progressioni di carriera, il riconoscimento di meriti e demeriti, la selettività e la valorizzazione delle capacità e dei risultati ai fini degli incarichi dirigenziali, il rafforzamento dell'autonomia, dei poteri e della responsabilità della dirigenza, l'incremento dell'efficienza del lavoro pubblico ed il contrasto alla scarsa produttività e all'assenteismo, nonché la trasparenza dell'operato delle amministrazioni pubbliche anche a garanzia della legalità".

Tra le novità introdotte dalla riforma ricordiamo:

a)il criterio di "premialità" del merito, sulla base di una valutazione della performance informata ad un principio di trasparenza in modo da rispondere ad un controllo interno ed esterno (titoli I, II e III);

b) l'utilizzo più incisivo delle sanzioni disciplinari, che sono tipizzate in caso di licenziamento, e che vengono irrogate con un procedimento semplificato e con elementi innovativi per il raccordo fra processo penale e procedimento disciplinare;

c) la semplificazione della contrattazione collettiva nazionale e integrativa,con interventi diretti alla trasparenza dei flussi di spesa, alla finalizzazione ai risultati, e ai controlli dei vincoli di bilancio.

d) l'enfatizzazione della figura del dirigente sotto diversi profili: aumentano le sue responsabilità, gli vengono ribaditi o attribuiti nuovi poteri, come la proposizione dei profili professionali, la valutazione del personale assegnato ai fini dei trattamenti accessori e della progressione professionale sia orizzontale che verticale e l'esercizio del potere disciplinare per le sanzioni più lievi (fino a dieci giorni di sospensione dal lavoro).

Più di recente, sotto l'impulso dell'ondata di arresti e scandali vari legati alla scoperta, sempre più frequente, di dipendenti infedeli o assenteisti, alcuni degli ultimi governi in carica hanno promosso una **ristrutturazione organica** del pubblico impiego; le diverse riforme, nella loro linea essenziale, prevedono, oltre che misure volte a tentare di accrescere l'efficienza degli Enti delle PA (con l'introduzione del cd "**nucleo della concretezza**" presso il dipartimento della funzione pubblica della Presidenza del Consiglio dei Ministri), sanzioni più severe e celeri licenziamenti per assenteisti e truffaldini, oltre che la previsione di un accorpamento dei comparti dei lavoratori pubblici che da undici sono passati a soli quattro (centrali, locali, istruzione, ricerca e sanità).

In particolare le novità più importanti sono contenute ne:

-la legge n 56 del 19 giugno 2019 (cd legge *concretezza*, appunto);

-il decreto legislativo 25 maggio 2017, n. 74;

-il decreto legislativo 25 maggio 2017, n. 75.

a)la legge n 56 del 19 giugno 2019 ha previsto un più intenso controllo sulla presenza dei pubblici dipendenti (con l'adozione di sistemi di verifica biometrica) e nuove modalità di svolgimento dei concorsi pubblici;

b)il decreto legislativo 25 maggio 2017, n. 74, recante "Modifiche al decreto legislativo 27 ottobre 2009, n.150, in attuazione dell'articolo 17, comma 1, lettera r), della legge n. 124 del 2015", ha riguardato la **valutazione** della *performance* dei lavoratori pubblici. I punti salienti del provvedimento, che persegue l'obiettivo generale di ottimizzare la produttività del lavoro pubblico e di garantire l'efficienza e la trasparenza delle pubbliche amministrazioni sono:

-**premialità**. Il rispetto delle norme in tema di valutazione sarà condizione necessaria per l'erogazione di premi e per il riconoscimento delle progressioni economiche, per l'attribuzione di incarichi di responsabilità al personale ed il conferimento degli incarichi dirigenziali. La valutazione negativa delle performance rileverà ai fini dell'accertamento della responsabilità dirigenziale, oltre che a fini disciplinari;

-**misura della performance**. Ogni singola amministrazione dovrà valutare la performance con riferimento all'amministrazione nella globalità, alle unità organizzative o aree di responsabilità in cui si suddivide, nonché ai singoli dipendenti o team;

-**obiettivi generali**. Fermi restando gli obiettivi specifici di ogni amministrazione, si introduce la categoria degli obiettivi generali, che individuano le priorità, in termini di attività, delle pubbliche amministrazioni;

-OIV. Gli **Organismi Indipendenti di Valutazione**, interamente rinnovati nella struttura (tre membri), nella durata (un triennio), nell'investitura (procedura selettiva ad evidenza pubblica da un elenco), nelle funzioni e nella dotazione di strumenti, saranno chiamati a riscontrare l'andamento delle performance rispetto agli obiettivi pianificati nell'intervallo temporale di riferimento, segnalando eventuali interventi correttivi;

-**cittadini**. Riconosciuto un ruolo attivo dei destinatari dell'azione pubblica nella valutazione della performance organizzativa;

-**dirigenti**. Nell'accertamento della performance individuale del dirigente è assegnata priorità agli esiti della performance dell'ambito organizzativo di cui hanno la gestione. L'eventuale rilevazione di una performance negativa spiegherà rilevanza ai fini della responsabilità dirigenziale e, limitatamente ad alcune fattispecie, per gli illeciti deontologici;

-**sanzioni**. Previste per la mancata adozione del Piano della performance;

-**remunerazione della performance**. I meccanismi per la distribuzione delle risorse destinate a remunerare la performance vengono affidati al contratto collettivo nazionale, che stabilirà la quota delle risorse destinate a premiare la performance organizzativa, cioè quella degli uffici, in termini di servizi resi, unitamente a quella individuale, nonché le relative regole.

c) il decreto legislativo 25 maggio 2017, n. 75, ha apportato invece "Modifiche e integrazioni al decreto legislativo 30 marzo 2001, n. 165, ai sensi degli articoli 16, commi 1, lettera a), e 2, lettere b), c), d) ed e) e 17, comma 1, lettere a), c), e), f), g), h), l) m), n), o), q), r), s) e z), della legge 7 agosto 2015, n. 124, in materia di riorganizzazione delle amministrazioni pubbliche". Il decreto, in particolare, ha integrato e modificato il TUPI (DLgs. 30 marzo 2001, n. 165), in conformità alla delega prevista dalla Legge 7 agosto 2015, n. 124, sulla riorganizzazione delle pubbliche amministrazioni. Questi alcuni dei temi trattati dalle nuove disposizioni:

-**azione disciplinare**. Le nuove norme in tema di azione disciplinare, applicabili alle infrazioni commesse a seguito della relativa entrata in vigore, sono finalizzate a velocizzare e rendere maggiormente concreta e certa la relativa tempistica, fissata perentoriamente in 120 giorni, come indicato dal Consiglio di Stato. Introdotti nuovi limiti all'annullabilità delle sanzioni per vizi formali;

-**infrazioni disciplinari**. Le inosservanze che comportano il licenziamento sono dieci: alle confermate assenze ingiustificate, false timbrature, false dichiarazioni per ottenere promozioni e posti, vengono affiancate nuove fattispecie, quali la reiterata e grave violazione alle regole deontologiche, la valutazione negativa della performance per tre anni consecutivi, lo scarso rendimento legato alla reiterata violazione degli obblighi per i quali è stato già sanzionato e, limitatamente ai dirigenti, la mancata attivazione o definizione di procedimenti disciplinari, commessa con dolo o colpa grave.

-*procedure*. Vengono modernizzate attraverso l'utilizzazione delle tecnologie dell'informazione e della comunicazione, anche nelle relazioni coi destinatari dell'azione amministrativa;

-**concorsi**. Maggior valore all'esperienza professionale acquisita da coloro che hanno avuto rapporti di lavoro flessibile con le amministrazioni pubbliche, escludendo tutti i servizi prestati presso uffici in stretto contatto con organi politici;

-**lingue estere**. La padronanza delle lingue straniere sarà requisito per accedere ai concorsi, o comunque titolo di merito valutabile dalle commissioni giudicatrici. Maggior valore viene riconosciuto anche al titolo di *dottore di ricerca;*

-**lavoro flessibile**. Fissato il divieto per le pubbliche amministrazioni, dall'inizio del prossimo anno, di stipulare contratti di collaborazione (co.co.co.), con contestuale facoltà di utilizzare tipologie di lavoro flessibile quale il contratto di formazione e lavoro, e con previsione di maglie più strette, nella finalità di evitare l'abuso del precariato;

-**assunzioni**. Il numero delle unità da immettere in servizio varierà in base ai fabbisogni rilevati per ciascun ente, e stanziati dalla programmazione con cadenza triennale. Un quinto dei posti previsti nella programmazione potrà essere assegnato alle progressioni, da svolgersi attraverso selezioni interne. Per quest'ultime si eviterà la forma del concorso, ma con contestuale diminuzione dei posti per gli esterni;

-**stabilizzazioni**. Rinnovati gli *iter* per l'assunzione a tempo indeterminato di personale in possesso di specifici requisiti. Specifico piano straordinario di stabilizzazione previsto per il prossimo triennio, che si prefigge di consolidare circa cinquantamila precari, con almeno tre anni di servizio prestato negli ultimi otto, presso l'ente che assume ovvero bandisce il concorso. Possibilità aperta anche a chi non collabora già più, purché in servizio alla data di entrata in vigore della legge delega;

-**disabili**. Integrazione nell'ambiente di lavoro di soggetti disabili mediante l'istituzione di una Consulta nazionale e la nomina e di un responsabile dei processi di inserimento.

-**tutela in caso di licenziament**o. Viene inserito un correttivo alla tutela reale prevista dall'art. 18 della Legge n. 300 del 1970, ovvero quando il licenziamento viene accertato come illegittimo, l'indennizzo contestuale al reintegro nel posto di lavoro non potrà oltrepassare le 18 mensilità. Se il giudice ritiene la sanzione irrogata dall'ente come viziata da difetto di proporzionalità, avrà il potere di modificarla prendendo a parametro la gravità del comportamento del lavoratore pubblico e la lesione degli interessi;

-**visite fiscali**. Riorganizzazione delle funzioni di accertamento medico legale in ipotesi di assenze per malattia, ed assegnazione, dal settembre prossimo, all'INPS, delle relative competenze. Le specifiche vengono demandate ad un decreto attuativo da emanare nel termine di giorni 30 dall'entrata in vigore della riforma sul pubblico impiego;

-**risultati**. Razionalizzazione dei sistemi di valutazione, estensione di metodi di misurazione dei risultati raggiunti dall'organizzazione e dai singoli dipendenti, forme di semplificazione specifiche per le differenti aree della pubblica amministrazione.

§ 14. IL WHISTLEBLOWING

I lavoratori dipendenti <u>che segnalano **reati**</u> o **irregolarità** di cui siano venuti a conoscenza per ragioni di lavoro devono essere **tutelati** dall'ordinamento.

È quanto prevede la L. 30 novembre 2017, n. 179 in materia di *whistleblowing*. Composta da **tre** soli articoli, la legge intende garantire una tutela adeguata ai lavoratori ed amplia la disciplina di cui alla legge SEVERINO (L 190/2012).

In pratica le norme modificano l'articolo 54 *bis* del Testo Unico del Pubblico Impiego (TUPI) stabilendo che il dipendente che segnala al responsabile della prevenzione della corruzione dell'ente o all'Autorità nazionale anticorruzione o ancora all'autorità giudiziaria ordinaria o contabile le condotte illecite o di abuso di cui sia venuto a conoscenza in ragione del suo rapporto di lavoro, non può essere, per motivi collegati alla segnalazione, soggetto a sanzioni, demansionato, licenziato, trasferito o sottoposto a altre misure organizzative che abbiano un effetto negativo sulle condizioni di lavoro.

La legge prevede che il dipendente sia reintegrato nel posto di lavoro in caso di licenziamento e che siano nulli tutti gli atti discriminatori o ritorsivi. L'onere di provare che le misure discriminatorie o ritorsive adottate nei confronti del segnalante sono motivate da ragioni estranee alla segnalazione sarà a carico dell'amministrazione.

L'ANAC, a cui l'interessato o i sindacati comunicano eventuali atti discriminatori, applica all'ente (**se** responsabile) una sanzione pecuniaria amministrativa da 5.000 a 30.000 euro, fermi restando gli altri profili di responsabilità. Inoltre la stessa Autorità applica la sanzione amministrativa da 10.000 a 50.000 euro a carico del responsabile che non effettua le attività di verifica e analisi delle segnalazioni ricevute.

Non può, per nessun motivo, essere rivelata l'identità del dipendente che segnala atti discriminatori e, nell'ambito del procedimento penale, la segnalazione sarà coperta nei modi e nei termini di cui all'articolo 329 del codice di procedura penale. La segnalazione è sottratta all'accesso previsto dagli articoli 22 e seguenti della legge 7 agosto 1990, n. 241, e successive modificazioni.

Il dipendente però non avrà diritto alla tutela nel caso di **condanna** del segnalante in sede penale (anche in primo grado) per <u>calunnia, diffamazione</u> o <u>altri reati</u> commessi con la denuncia o quando sia accertata la sua <u>responsabilità civile</u> per dolo o colpa grave.

Le disposizioni valgono non solo per tutte le amministrazioni pubbliche, inclusi gli enti pubblici economici e quelli di diritto privato sotto controllo pubblico, ma si rivolgono anche a chi lavora in imprese che forniscono beni e servizi alla PA.

Inoltre, secondo quanto previsto dall'articolo 2 della legge, la nuova disciplina allarga anche al settore privato la tutela del dipendente o collaboratore che segnali illeciti o violazioni relative al modello di organizzazione e gestione dell'ente di cui sia venuto a conoscenza per ragioni del suo ufficio.

Infine, l'articolo 3 del provvedimento introduce, in relazione alle ipotesi di segnalazione o denuncia effettuate nel settore pubblico o privato, come giusta causa di rivelazione del segreto d'ufficio, professionale, scientifico e industriale, nonché di violazione dell'obbligo di fedeltà all'imprenditore, il perseguimento, da parte del dipendente che segnali illeciti, dell'interesse all'integrità delle amministrazioni alla prevenzione e alla repressione delle malversazioni.

Il recentissimo DLgs **10 marzo 2023** (che ha recepito la direttiva UE circa la protezione delle persone che segnalano la violazione del diritto dell'Unione), entrato in vigore il successivo 15 luglio, ha introdotto le nuove Linee guida ANAC relative alla <u>protezione dei **soggetti che segnalano illeciti** all'interno dell'amministrazione di appartenenza</u>. La protezione viene ulteriormente rafforzata ed estesa a nuove figure diverse da chi segnala, quali il cd "facilitatore" o le persone menzionate nella segnalazione.

§ 15. GLI ALTRI PUNTI SALIENTI DELL'ULTIMO CCNL

Come abbiamo anticipato in precedenza, l'ultima tornata contrattuale, ha previsto, circa l'Ordinamento Professionale, un <u>nuovo sistema di classificazione del personale</u> al servizio di un ente pubblico.

Il nuovo modello di classificazione, che si applica ai comparti funzioni centrali e locali, "persegue la finalità di fornire alle amministrazioni uno strumento innovativo ed efficace di gestione del personale e contestualmente offrire, ai dipendenti, un percorso agevole e incentivante di sviluppo professionale. Il sistema di classificazione del personale, previsto dal contratto, si pone altresì l'obiettivo di rendere omogenei i diversi modelli presenti nei CCNL dei precedenti comparti confluiti nei quattro rimasti (<u>funzioni centrali, funzioni locali, istruzione e ricerca</u> e <u>sanità</u>) anche al fine di facilitare il riconoscimento delle competenze delle risorse umane nei diversi settori della Pubblica Amministrazione.

Al personale inquadrato nell'area dei Funzionari e dell'Elevata

Qualificazione potranno essere conferiti gli incarichi di **Elevata Qualificazione** (incarichi di **EQ**, corrispondenti agli ex incarichi di Posizione Organizzativa, **PO**).

Il sistema di classificazione del personale del comparto Sanità è invece articolato in **cinque** aree, che corrispondono a cinque differenti livelli di conoscenze, abilità e competenze professionali:

-area del personale di supporto;

-area degli operatori;

-area degli assistenti;

-area dei professionisti della salute e dei funzionari;

-area del personale di elevata qualificazione.

Le aree sono individuate mediante le **declaratorie** che descrivono l'insieme dei requisiti indispensabili per l'inquadramento in ciascuna di esse. Le stesse corrispondono a livelli omogenei di competenze professionali necessarie all'espletamento di una vasta e diversificata gamma di attività lavorative, secondo quanto previsto dall'allegato A del contratto.

Altri <u>punti di rilievo del contratto</u> sono:

-la <u>possibilità di **orario flessibile** di lavoro</u>. L'art. 36 del CCNL, nel quadro delle modalità dirette "a conseguire una maggiore conciliazione tra vita lavorativa e vita familiare", prevede l'individuazione di fasce temporali di flessibilità in entrata ed in uscita, di cui il dipendente, compatibilmente con le esigenze di servizio, può avvalersi nell'ambito della medesima giornata.

In relazione a particolari situazioni personali, sociali o familiari, sono favoriti nell'utilizzo dell'orario flessibile, anche con forme di flessibilità ulteriori rispetto al regime orario adottato dall'ufficio di appartenenza, compatibilmente con le esigenze di servizio e su loro richiesta, i dipendenti che:

a)beneficino delle tutele connesse alla maternità o paternità di cui al DLgs. n. 151/2001;

b)assistano familiari o siano portatori di handicap ai sensi della L n. 104/1992;

c)siano inseriti in progetti terapeutici di recupero di cui all'art. 44;

d)si trovino in situazione di necessità connesse alla frequenza dei propri figli di asili nido, scuole materne e scuole primarie;

e)siano impegnati in attività di volontariato in base alle disposizioni di legge vigenti.

-l'**identità alias** <u>in percorsi di affermazione di genere</u>. Al fine di "tutelare il benessere psicofisico di **lavoratori transgender**, di creare un ambiente di lavoro inclusivo, ispirato al valore fondante della **pari dignità umana** delle persone, eliminando situazioni di disagio per coloro che intendono modificare nome e identità nell'espressione della propria autodeterminazione di genere", le Amministrazioni, ai sensi dell'art 28 del CCNL, riconoscono un'identità "alias" al dipendente che ne faccia richiesta tramite la sottoscrizione di un **accordo di riservatezza confidenziale**. Modalità di accesso e tempi di richiesta e attivazione dell'alias sono specificate in apposita regolamentazione interna, la carriera alias resterà <u>inscindibilmente</u> associata e gestita in contemporanea alla carriera reale. L'identità alias da utilizzare verrà usata ad es, il cartellino di riconoscimento, le credenziali per la posta elettronica, la targhetta sulla porta d'ufficio, eventuali tabelle di turno orari esposte negli spazi comuni, nonché divise di lavoro corrispondenti al <u>genere di elezione</u> della persona e la possibilità di utilizzare spogliatoio e servizi igienici **neutri** rispetto al genere, se presenti, o corrispondenti all'identità di genere del lavoratore.

Non verranno conformate all'identità alias, restando quindi invariate, tutte le documentazioni e tutti i provvedimenti attinenti al dipendente che desidera intraprendere il percorso di affermazione di genere che hanno rilevanza strettamente personale (ad es, la busta paga, la matricola, o i provvedimenti disciplinari) o la sottoscrizione di atti e provvedimenti da parte del lavoratore interessato.

La norma introdotta con il CCNL ha l'obiettivo di eliminare situazioni di disagio ed evitare che possano verificarsi forme di discriminazione".

-i **<u>congedi per le donne vittime di violenza</u>**. La lavoratrice, inserita nei percorsi di protezione relativi alla violenza di genere, debitamente certificati, ai sensi dell'art. 24 del DLgs. n. 80/2015, ha diritto ad astenersi dal lavoro, per motivi connessi a tali percorsi, per un <u>periodo massimo di congedo di 90 giorni lavorativi,</u> da fruire nell'arco temporale di **tre** anni, decorrenti dalla data di inizio del percorso di protezione certificato. Il trattamento economico spettante alla lavoratrice è quello previsto, per il congedo di maternità di cui allo stesso contratto. Il periodo di cui ai commi precedenti è computato ai fini dell'anzianità di servizio a tutti gli effetti, non riduce le ferie ed è utile ai fini della tredicesima mensilità.

La lavoratrice può, inoltre, a domanda, essere esonerata dai turni disagiati, e ha diritto alla trasformazione del rapporto di lavoro <u>da tempo pieno a tempo parziale,</u> secondo quanto previsto dall'art. 53 del CCNL del 21.05.2018. Il rapporto a tempo parziale è nuovamente trasformato in rapporto di lavoro a tempo pieno, sempre su richiesta della lavoratrice.

La dipendente vittima di violenza di genere inserita in specifici percorsi di protezione di cui al comma 1 può presentare <u>domanda di trasferimento o di comando ad altra amministrazione</u> pubblica anche ubicata in una località diversa da quella in cui si è subita la violenza, previa comunicazione all'ente di appartenenza. Entro quindici giorni dalla suddetta comunicazione l'ente di appartenenza dispone il trasferimento o il comando presso l'amministrazione indicata dalla dipendente, ove vi siano posti vacanti corrispondenti alla sua area.

-la **formazione del personale**. Le amministrazioni, riconosciuta l'importanza della formazione del personale, si impegnano ad attivare <u>percorsi formativi differenziati</u> per *target* di riferimento, al fine di colmare lacune di competenze rispetto ad ambiti strategici comuni a tutti i dipendenti che siano inseriti nell'ambito di appositi sistemi di accreditamento e che garantiscano **alta qualificazione**, tra cui interventi formativi sui temi dell'**etica** pubblica.

Favoriscono inoltre misure formative finalizzate alla **transizione digitale** nonché interventi di supporto per l'acquisizione e l'arricchimento delle competenze digitali, in particolare quelle di base.

Al fine di incoraggiare i processi di sviluppo e trasformazione della Pubblica Amministrazione, gli enti pianificano altresì programmi finalizzati all'adozione di nuove competenze e di riqualificazione per i dipendenti anche in relazione al monitoraggio della *performance* individuale.

Infine, nell'ambito dei programmi finalizzati all'adozione di nuove competenze, favoriscono la formazione finalizzata alla conoscenza dei <u>rischi potenziali per la **sicurezza**</u> e le procedure da seguire per proteggere sé stessi ed i colleghi da atti di violenza, attraverso la formazione sui rischi specifici connessi con l'attività svolta, inclusi i metodi di riconoscimento di segnali di pericolo o di situazioni che possono condurre ad aggressione, metodologie per gestire <u>utenti aggressivi e violenti</u>.

§ 16. IL LAVORO AGILE

Il **lavoro agile** (o *smart working*) è una modalità di esecuzione del rapporto di lavoro subordinato caratterizzato dall'assenza di vincoli orari o spaziali e un'organizzazione per fasi, cicli e obiettivi, stabilita <u>mediante accordo tra dipendente e datore di lavoro</u>; una modalità che aiuta il lavoratore a conciliare i tempi di vita e lavoro e, al contempo, favorire la crescita della sua produttività. Si tratta in pratica di una "nuova filosofia manageriale fondata sulla restituzione alle persone di flessibilità e autonomia nella scelta degli spazi, degli orari e degli strumenti da utilizzare a fronte di una maggiore responsabilizzazione sui risultati", come definito, nel 2015, dall'Osservatorio Smart Working del Politecnico di Milano.

Nelle Pubbliche Amministrazioni il lavoro agile è stato dapprima introdotto in attuazione della legge di riforma della pubblica amministrazione del 7 agosto 2015 n. 124, recante "Deleghe al Governo in materia di riorganizzazione delle amministrazioni pubbliche". Con la L del 22 maggio 2017 n.81, il lavoro agile è diventato uno degli strumenti cui la PA può ricorrere per innovare radicalmente le tradizionali modalità organizzative del lavoro, sottolineandone la flessibilità organizzativa, la volontarietà delle parti che sottoscrivono l'accordo e l'utilizzo di strumentazioni che consentano di lavorare da remoto, anche fornite dall'amministrazione di appartenenza.

Non bisogna confondere il lavoro agile con il cd **telelavoro**, introdotto, nelle amministrazioni pubbliche (e veramente molto poco utilizzato) dalla L n. 191 del 1998, e che prevede lo spostamento (in tutto o in parte) della sede di lavoro dai locali aziendali ad altra sede (tradizionalmente l'abitazione del lavoratore), e il vincolo, per il dipendente, di lavorare da una postazione fissa e prestabilita, con gli stessi limiti di orario che avrebbe in ufficio. Il carico di lavoro, gli oneri e i tempi della prestazione, insomma, devono essere equivalenti a quelli dei lavoratori che svolgono la prestazione all'interno del posto di lavoro.

Al contrario, il lavoro agile prevede che la prestazione lavorativa venga eseguita in parte all'interno di locali aziendali e in parte all'esterno, ma **senza** stabilire una postazione fissa. Non ci sono vincoli di spazio e tempo, l'unico vincolo sono i limiti di durata massima dell'orario di lavoro giornaliero e settimanale, derivanti dalla legge e dalla contrattazione collettiva. È possibile dunque lavorare da qualsiasi luogo (dentro e fuori l'azienda), non si timbra un cartellino, non si fanno pause in orari predefiniti. L'azienda e il dipendente ridefiniscono in maniera flessibile le modalità di lavoro, e quello su cui ci si focalizza è il raggiungimento di obiettivi e risultati.

È disciplinato da ciascun Ente con proprio Regolamento e, ove necessario, per la tipologia di attività svolta dai lavoratori e/o per assicurare la protezione dei dati trattati, il lavoratore concorda con l'amministrazione i luoghi ove è possibile svolgere l'attività. In ogni caso nella scelta dei luoghi di svolgimento della prestazione lavorativa a distanza il dipendente è tenuto ad accertare la presenza delle condizioni che garantiscono la sussistenza delle condizioni minime di tutela della salute e sicurezza del lavoratore nonchè la piena operatività della dotazione informatica e ad adottare tutte le precauzioni e le misure necessarie e idonee a garantire la più assoluta riservatezza sui dati e sulle informazioni in possesso dell'ente che vengono trattate dal lavoratore stesso. A tal fine l'ente consegna al lavoratore una specifica informativa in materia.

Lo svolgimento della prestazione lavorativa in modalità agile non modifica la natura del rapporto di lavoro in atto. Fatti salvi gli istituti contrattuali non compatibili con la modalità a distanza il dipendente conserva i medesimi **diritti e gli obblighi** nascenti dal rapporto di lavoro in presenza, ivi incluso il diritto ad un trattamento economico non inferiore a quello complessivamente applicato nei confronti dei lavoratori che svolgono le medesime mansioni esclusivamente all'interno dell'amministrazione. Al personale in lavoro agile sono garantite le stesse opportunità rispetto alle progressioni di carriera, alle progressioni economiche, alla incentivazione della performance e alle iniziative formative previste per tutti i dipendenti che prestano attività lavorativa in presenza.

Al fine di accompagnare il percorso di introduzione e consolidamento del lavoro agile, nell'ambito delle attività del piano della formazione sono previste specifiche **iniziative formative** per il personale che usufruisca di tale modalità di svolgimento della prestazione.

La formazione di cui al comma 1 dovrà perseguire l'obiettivo di formare il personale all'utilizzo delle piattaforme di comunicazione, compresi gli aspetti di salute e sicurezza, e degli altri strumenti previsti per operare in modalità agile nonché diffondere moduli organizzativi che rafforzino il lavoro in autonomia, l'empowerment, la delega decisionale, la collaborazione e la condivisione delle informazioni.

La disciplina del lavoro agile ha abrogato quella del telelavoro, fatti salvi gli accordi di telelavoro già sottoscritti alla data di entrata in vigore del CCNL e il trattamento economico in godimento, in base alla previgente disciplina.

§ 17. IL SISTEMA DELLE RELAZIONI SINDACALI

Il sistema delle **relazioni sindacali**, che è lo strumento per costruire relazioni **stabili** tra enti e soggetti sindacali, deve essere improntato alla "partecipazione consapevole, al dialogo costruttivo e trasparente, alla reciproca considerazione dei rispettivi diritti ed obblighi, nonché alla prevenzione e risoluzione dei conflitti". È questo il principale punto di innovazione contenuto nell'ultimo CCNL (il cui contenuto va a sostituire l'art. 3 del CCNL del 21.05.2018), che ha estenso gli ambiti di possibile esplicazione della contrattazione collettiva integrativa e delle forme di partecipazione sindacale. In linea con gli impegni contenuti nel **Patto per l'innovazione del lavoro pubblico e la coesione sociale** firmato il 10 marzo 2021 tra Governo e sindacati, il contratto contiene una rivisitazione delle materie oggetto di confronto e di contrattazione integrativa diretta a favorire "processi di dialogo costante fra le parti, valorizzando strumenti innovativi di partecipazione organizzativa, a partire dagli Organismi paritetici di informazione (OPI, v *infra*), che implementino l'attuale sistema di relazioni sindacali sia sul fronte dell'innovazione che su quello della sicurezza sul lavoro".

Attraverso il sistema delle relazioni sindacali:

-si attua il contemperamento della missione di servizio pubblico delle amministrazioni a vantaggio degli utenti e dei cittadini con gli interessi dei lavoratori;

-si migliora la qualità delle decisioni assunte;

-si sostengono la crescita professionale e l'aggiornamento del personale, nonché i processi di innovazione organizzativa e di riforma della pubblica amministrazione;

-si attua la garanzia di sicure condizioni di lavoro.

Nel rispetto dei distinti ruoli e responsabilità dei datori di lavoro pubblici e dei soggetti sindacali, le relazioni sindacali si articolano nei seguenti modelli relazionali:

a) partecipazione;

b)contrattazione integrativa, anche di livello territoriale con la partecipazione di più enti, secondo la disciplina dell'art. 9 del CCNL del 21.05.2018 (Contrattazione collettiva integrativa di livello territoriale).

La **PARTECIPAZIONE** è finalizzata ad instaurare <u>forme costruttive di dialogo</u> tra le parti, su atti e decisioni di valenza generale degli enti, in materia di organizzazione o aventi riflessi sul rapporto di lavoro ovvero a garantire adeguati diritti di informazione sugli stessi; si articola, a sua volta, in:

- <u>informazione,</u> che è il presupposto per il corretto esercizio delle relazioni sindacali e dei suoi strumenti. Sono oggetto di informazione tutte le materie per le quali gli articoli 5 (confronto) e 7 (contrattazione collettiva integrativa: soggetti e materie) prevedano il confronto o la contrattazione integrativa, costituendo presupposto per la loro attivazione. Sono altresì oggetto di **sola informazione** gli atti di organizzazione degli uffici di cui all'art. 6 del DLgs. n. 165/2001, ivi incluso il <u>piano triennale dei fabbisogni di personale,</u> ed ogni altro atto per il quale la legge preveda il diritto di informativa alle organizzazioni sindacali.

-<u>confronto,</u> che è la modalità attraverso la quale si instaura un dialogo approfondito sulle materie rimesse a tale livello di relazione, al fine di consentire ai soggetti sindacali di esprimere valutazioni esaustive e di partecipare costruttivamente alla definizione delle misure che l'amministrazione intende adottare.

-<u>organismi paritetici di partecipazione,</u> che realizzano, negli enti pubblici, comprese le Unioni dei comuni con più di 70 dipendenti, una modalità relazionale finalizzata al <u>coinvolgimento partecipativo delle organizzazioni sindacali</u> su tutto ciò che abbia una dimensione progettuale, complessa e sperimentale, di carattere organizzativo dell'ente. Le Province e le Città Metropolitane possono costituire l'organismo in forma associata, sulla base di protocolli di intesa tra gli enti interessati e le organizzazioni sindacali di cui al periodo precedente.

La <u>**CONTRATTAZIONE INTEGRATIVA**</u> è finalizzata alla stipulazione di contratti che obbligano reciprocamente le parti. Le clausole dei contratti integrativi sottoscritti possono essere oggetto di successive interpretazioni autentiche, anche a richiesta di una delle parti. L'eventuale accordo di interpretazione autentica, stipulato con le procedure di cui all'art. 8 (Contrattazione collettiva integrativa: tempi e procedure), sostituisce la clausola controversa, sin dall'inizio della vigenza del contratto integrativo.

È istituito presso l'Aran, **senza** nuovi o maggiori **oneri** a carico della finanza pubblica, un Osservatorio a composizione **paritetica** con il compito di monitorare i **casi** e le **modalità** con cui ciascun ente adotta gli atti adottati unilateralmente ai sensi dell'art. 40, comma 3-ter, del DLgs. n. 165/2001. L'osservatorio verifica altresì che tali atti siano <u>adeguatamente motivati</u> in ordine alla sussistenza del pregiudizio alla funzionalità dell'azione amministrativa. Ai componenti **non** spettano compensi, gettoni, emolumenti, indennità o rimborsi di spese comunque denominati. L'Osservatorio è anche sede di confronto su temi contrattuali che assumano una rilevanza generale, anche al fine di prevenire il rischio di contenziosi generalizzati.

Alle organizzazioni sindacali sono garantite tutte le forme di accesso previste dalla disciplina di legge in materia di trasparenza.

CAPO **II**

LE INCOMPATIBILITÀ RELATIVE AL PUBBLICO IMPIEGO

§ 1. IL PRINCIPIO DI ESCLUSIVITÀ

Ogni pubblico dipendente deve considerarsi "al servizio esclusivo della Nazione" e destinare le proprie energie fisiche e psichiche **unicamente all'amministrazione dalla quale dipende.**

Il principio in questione è sancito nella Carta Costituzionale, ove, al 1° comma dell'art. 98, è scritto che "i pubblici impiegati sono al servizio esclusivo della Nazione", motivo per il quale devono rendere soltanto al loro datore di lavoro la propria prestazione lavorativa retribuita.

Tale dovere di esclusiva trova altresì un netto collegamento con i principi di "buon andamento" e "imparzialità" dell'amministrazione sanciti dall'art. 97 della stessa Costituzione, che garantisce e assicura le attività istituzionali.

I padri costituenti espressero tale volontà giustificandola con la **necessità di garantire che i dipendenti pubblici non disperdessero le proprie energie** in altri incarichi che non fossero di esclusiva competenza e che potessero in qualche modo distoglierli dalle prestazioni da rendere al loro pubblico datore di lavoro.

Inoltre, si è voluto scongiurare che attività extraistituzionali possano pregiudicare il regolare svolgimento del servizio e intaccare l'indipendenza del lavoratore, esponendo l'amministrazione al pericolo di comportamenti *imparziali*.

Il rigore normativo imposto dalla Costituzione, e già fissato in precedenti e successive leggi (come il DPR 10 gennaio 1957, n. 3), è stato **mitigato** da una successiva previsione fatta **dall'art. 58 del DLgs. 3 febbraio 1993, n. 29,** emanata nel contesto della privatizzazione del rapporto di lavoro pubblico, che ha previsto la possibilità di svolgimento di un secondo lavoro, fissando, nel contempo, criteri oggettivi e predeterminati per il conferimento di incarichi relativi a specifiche professionalità, al fine di escludere casi di incompatibilità, sia di diritto che di fatto.

Sono state anche previste, con lo stesso art. 58, norme per rafforzare la trasparenza attraverso l'introduzione dell'**Anagrafe delle prestazioni** (v *infra*) e l'immediata comunicazione alle amministrazioni di appartenenza del dipendente cui è stato conferito l'incarico.

Il successivo riordino delle disposizioni inerenti al lavoro dei dipendenti pubblici in un nuovo Testo Unico (TUPI v *previous*), approvato con il DLgs. 30 marzo 2001, n.165, ha determinato l'abrogazione dell'art. 58 del DLgs. 29/2003 e la sua confluenza nell'art. 53 del nuovo TU.

La disciplina generale sull'incompatibilità, presente nell'art. 53, è stata, negli anni, oggetto di interesse del legislatore e al testo originario, costituito da 16 commi, sono stati aggiunti i commi 1 *bis*, 3 *bis*, 7 *bis*, 16 *bis*, 16 *ter*, che **hanno innovato alcuni punti essenziali.**

Uno degli ultimi interventi si è avuto sull'onda dell'emergenza pandemica, con il DL **19 maggio 2020**, n. 34, convertito nella legge 17 luglio 2020, n. 77, recante "Misure urgenti in materia di salute, sostegno al lavoro e all'economia, nonché di politiche sociali connesse all'emergenza epidemiologica da COVID-19", con cui sono stati fissati nuovi termini per le autorizzazioni ai dipendenti pubblici che devono rivestire l'incarico di commissario nelle procedure concorsuali semplificate con modalità decentrate e telematiche sperimentali.

La disciplina contenuta nelle norme innanzi citate si applica, con alcune diversità, a tutti i dipendenti <u>sia in regime di diritto privato</u> (personale *privatizzato*) <u>sia in regime pubblico</u> (come i militari, i magistrati, o i prefetti).

Inoltre **la materia delle incompatibilità**, anche dopo la privatizzazione del rapporto di impiego, è riservata alla disciplina legislativa, sicché **non può essere derogata** dalle **parti** o **dai contratti collettivi nazionali** di lavoro.

Nel **settore privato** il principio di **esclusiva** e, quindi, la necessità di rendere la prestazione soltanto al proprio datore di lavoro **non esiste**: infatti l'art. 2105 c.c. impone al dipendente unicamente di non trattare affari, per conto proprio o di terzi, in concorrenza con l'imprenditore e di non divulgare notizie attinenti all'organizzazione e ai metodi di produzione dell'impresa. A parte questi divieti <u>**il lavoratore privato può svolgere qualsiasi ulteriore attività**</u>.

Per entrare nel particolare, ai sensi delle normative vigenti, per i dipendenti pubblici sono previste tre tipologie di attività:

-quelle assolutamente vietate (incompatibilità assoluta);

-quelle che possono essere espletate soltanto se preventivamente autorizzate (incompatibilità relativa);

-quelle che possono essere esercitate liberamente.

§ 2. LE ATTIVITÀ ASSOLUTAMENTE VIETATE

In via generale sono vietati ai dipendenti pubblici gli incarichi (retribuiti o gratuiti) che presentano i caratteri della **abitualità** e **professionalità** o possono dar luogo a **conflitti di interessi**, ovvero interferiscono con l'attività ordinaria svolta dal dipendente, in relazione al tempo, alla durata e all'impegno richiestogli.

Le attività **assolutamente incompatibili** sono, ancora oggi, disciplinate dal citato DPR 10 gennaio 1957, n. 3, che, all'art. 60 (richiamato dall'art. 53 del DLgs. 165/2001), **vieta** al dipendente pubblico di esercitare il **commercio**, l'**industria**, le **professioni**, assumere **impieghi alle dipendenze di privati** o accettare **cariche in società** costituite **a fine di lucro**, tranne che si tratti di cariche in società o enti per le quali la nomina è riservata allo Stato e sia all'uopo intervenuta l'autorizzazione del Ministro competente.

Riguardo agli incarichi in società costituite a fine di lucro va precisato che **il dipendente pubblico non può essere nominato, ad es, amministratore, consigliere, o sindaco** (salvo che non si tratti di nomine riservate allo Stato), **ma può essere socio**, cioè titolare di azioni, perché è libero di investire i propri soldi come crede: in effetti si vuole evitare unicamente l'assunzione di cariche gestionali all'interno degli Enti.

Quando però trattasi di società cooperative caratterizzate dalla prevalenza, e in alcuni casi dalla esclusività, dei fini mutualistici rispetto a quelli di lucro, è possibile ricoprire incarichi.

Anche la partecipazione a società agricole **a conduzione familiare** è consentita quando l'impegno è **modesto, non abituale nè continuato**.

Circa il divieto di esercitare professioni vi sono delle eccezioni per il personale docente della scuola, per i professori universitari e per il personale medico di cui si dirà più avanti.

Altre eccezioni vengono riconosciute a tutti i dipendenti pubblici che hanno optato per il **part-time** con prestazione lavorativa non superiore al 50% di quella a tempo pieno.

Al fine di consentire al dipendente di conoscere i divieti esistenti in materia di attività extralavorative è stato previsto che ciascuna amministrazione elabori uno specifico regolamento nel quale **individuare**, "secondo criteri differenziati in rapporto alle diverse qualifiche e ruoli professionali, **gli incarichi vietati** ai dipendenti delle amministrazioni pubbliche".

In mancanza di detti regolamenti l'attribuzione degli incarichi è consentita nei soli casi espressamente previsti dalla legge o da altre fonti normative.

Con l'intento di fornire un valido supporto alle amministrazioni, anche in considerazione della previsione normativa anticorruzione (legge 6 novembre 2012, n. 190 e DLgs. 8 aprile 2013, n. 39) è stato elaborato, il 24 luglio 2013, a seguito della Conferenza Unificata del Dipartimento della Funzione Pubblica, delle Regioni e degli Enti Locali, **un documento che esemplifica una serie di situazioni di incarichi vietati** per i pubblici dipendenti derivanti dalla normativa vigente, dagli indirizzi generali e dalle prassi applicative.

Tale documento considera sia gli incarichi retribuiti sia quelli conferiti a titolo gratuito e prende in esame la sistematicità, nonché l'occasionalità e continuità degli incarichi, oltre ai possibili conflitti di interesse che ne possono derivare.

A titolo meramente esemplificativo si citano alcune specifiche attività che, a seguito di indirizzi giurisprudenziali o particolari disposizioni, sono state ritenute incompatibili: quali, ad es, quella di **titolare di laboratorio di analisi cliniche**; di **istruttore di scuola guida**; di **agente assicurativo**; di **gestore di farmacia**; di **odontotecnico** o di **titolare di agenzia di viaggio.**

Sono anche da considerare vietati gli incarichi che si svolgono a favore di soggetti fornitori di beni o servizi, relativamente a quei dipendenti delle strutture che partecipano a qualunque titolo all'individuazione del fornitore. Analogamente sono inibiti gli incarichi che si svolgono nei confronti di soggetti verso cui la struttura di assegnazione del dipendente svolge funzioni di controllo, di vigilanza o sanzionatorie, salve le ipotesi espressamente previste dalla legge. Sono, altresì, vietati gli incarichi che, per il tipo di attività o per l'oggetto, possono creare nocumento all'immagine dell'amministrazione, anche in relazione al rischio di utilizzo o diffusione illecita di informazioni di cui il dipendente è a conoscenza per ragioni di ufficio. È pure evidente che non è possibile svolgere incarichi utilizzando mezzi, beni e attrezzature di proprietà dell'amministrazione e in uso al dipendente per ragioni di ufficio.

Sono vietate, altresì, le attività per le quali l'incompatibilità è prevista dal DLgs. 8 aprile 2013, n. 39, che disciplina l'inconferibilità e l'incompatibilità degli incarichi presso le amministrazioni pubbliche.

Il lavoratore che non osservi i divieti viene diffidato, così come previsto dall'art. 63 del DPR 10 gennaio 1957, n. 3, dall'amministrazione di appartenenza a cessare dalla situazione di incompatibilità.

Decorsi **quindici giorni** dalla diffida, senza che l'incompatibilità sia cessata, il dipendente **decade** dall'impiego: trattasi, in questo caso, di una rarissima ipotesi di decadenza di diritto che non ha natura sanzionatoria o disciplinare.

Qualora, invece, l'impiegato **ottemperi** alla diffida eliminando l'incompatibilità, non vi sono conseguenze decadenziali, ma **nei suoi confronti può avere inizio un procedimento disciplinare** per il comportamento che l'amministrazione dovrà accertare nel rispetto del contraddittorio fra le parti e in osservanza della proporzionalità sanzionatoria, che sarà determinata valutando la specifica attività svolta senza autorizzazione, la durata, ed altri parametri.

§ 3. ATTIVITÀ CHE POSSONO ESSERE SVOLTE SE PREVENTIVAMENTE AUTORIZZATE

I dipendenti pubblici possono svolgere alcune attività che possono essere tranquillamente espletate al di fuori dell'orario lavorativo se si richiede una specifica autorizzazione al proprio datore di lavoro.

Trattasi di attività **occasionali, saltuarie, compatibili con l'orario e la funzione istituzionale** dell'amministrazione di appartenenza, che, per consentire l'espletamento di un lavoro aggiuntivo, dovrà preliminarmente verificare, a salvaguardia del buon andamento della pubblica amministrazione, l'insussistenza di casi di incompatibilità, sia di diritto che di fatto, e l'assenza di situazioni, anche solo ipotetiche o potenziali, di conflitti di interessi tra l'amministrazione di appartenenza e l'ulteriore attività da svolgere.

La richiesta può essere effettuata dal datore di lavoro pubblico o privato che intende conferire l'incarico ovvero dallo stesso lavoratore interessato: ovviamente, l'autorizzazione deve essere rilasciata **prima** del conferimento dell'incarico, a meno che si tratti di alcune tipologie di attività che nel regolamento dell'amministrazione siano di fatto considerate autorizzate e per le quali è sufficiente una semplice comunicazione preventiva.

Il datore di lavoro che dovrà valutare la richiesta potrà, tra l'altro, tener conto degli incarichi già autorizzati in precedenza, dell'assenza di procedimenti disciplinari, della compatibilità del nuovo impegno con i carichi di lavoro del dipendente e della struttura di appartenenza, nonché della produttività dell'impiegato che dovrà espletare ulteriori incarichi.

La materia di cui si sta trattando trova espressa disciplina nel comma 7 dell'art. 53 del DLgs. 165/2001, per il quale "i dipendenti pubblici non possono svolgere incarichi retribuiti che non siano stati conferiti o previamente autorizzati dall'amministrazione di appartenenza".

Il comma 8 dello stesso art. 53 vieta alle pubbliche amministrazioni di conferire incarichi retribuiti a dipendenti di altre amministrazioni pubbliche senza la preventiva autorizzazione dell'amministrazione di appartenenza di tali impiegati.

Il conferimento di **incarichi privi di autorizzazione** determina un'infrazione disciplinare per il funzionario responsabile del procedimento e **il relativo provvedimento è nullo** di diritto.

Il comma 9 dell'art. 53 prevede analogo divieto nei casi di conferimento di incarichi a dipendenti pubblici da parte di enti pubblici economici e soggetti privati.

Il lavoratore autorizzato dovrà considerare che gli è preclusa la possibilità di utilizzare la propria qualifica pubblica nell'espletamento dell'incarico conferito e nessun beneficio gli potrà derivare da tale posizione.

Le attività **a titolo gratuito**, di norma, **non necessitano di autorizzazione**, ma le singole amministrazioni, con i loro regolamenti, possono prevedere di averne conoscenza preventiva e, in alcuni casi, il rilascio di un assenso scritto.

Le autorizzazioni concesse e gli incarichi conferiti, anche a titolo gratuito, devono essere comunicati, a cura delle amministrazioni che conferiscono o autorizzano incarichi, **in via telematica**, nel termine di 15 giorni, al Dipartimento della funzione pubblica, precisando l'oggetto dell'incarico e il compenso lordo, ove previsto.

Il dipendente che dovesse svolgere un incarico senza la prescritta autorizzazione è **responsabile disciplinarmente** del suo operato ed è sottoposto a un procedimento disciplinare che, con la garanzia del contraddittorio, terrà conto della gravità del comportamento da punire, e della conseguente proporzionalità e gradualità della sanzione.

Eventuali controversie che dovessero insorgere in materia di incarichi **sono di competenza del giudice** ordinario in funzione di giudice **del lavoro, perché** gli atti di gestione del rapporto di lavoro sono **atti di diritto privato.**

Il dipendente, oltre alla responsabilità disciplinare, è chiamato a rispondere dinanzi alla Corte dei conti per responsabilità amministrativa, con conseguente avvio di un giudizio contabile per l'eventuale **danno erariale** provocato all'ufficio di cui fa parte.

I compensi percepiti devono essere restituiti e versati a cura dell'erogante o, in difetto del percettore, nel conto dell'entrata del bilancio dell'amministrazione di appartenenza del dipendente, per essere destinati ad incremento del fondo di produttività o di fondi equivalenti. Tale restituzione trova anche giustificazione sul presupposto che le energie lavorative impiegate e i risultati conseguiti sarebbero spettati all'ufficio di titolarità del dipendente.

Ma **quali** le attività che possono essere autorizzate? Vediamone alcune:

-la **partecipazione a società agricole** a conduzione familiare (se non continuativa);

-gli **incarichi conferiti da altre amministrazioni pubbliche** per consulenze tecniche o far parte, ad es, di collegi sindacali, di commissioni di vigilanza, o di commissioni tributarie; sempre purché non vi siano interferenze con l'orario e l'impegno del rapporto di lavoro principale;

-l'**amministratore di condominio del proprio fabbricato**, in quanto impegno riguardante la cura dei propri interessi;

-le **attività di collaborazione svolte gratuitamente** con i familiari che siano impegnati in imprese artigiane, commerciali, agricole, sempreché trattasi di attività saltuaria e non sistematica;

-l'**assunzione di cariche in società cooperative** purché l'impegno e le modalità di svolgimento non pregiudichino l'attività ordinaria del dipendente e non vi sia conflitto di interessi con l'amministrazione di appartenenza;

-l'**assunzione di cariche in società ricreative, culturali, sportive** il cui atto costitutivo preveda il reinvestimento degli utili nella società per il perseguimento esclusivo dell'attività sociale;

-la **partecipazione a commissioni di esami** per concorsi, purché l'incarico non pregiudichi l'orario di servizio e le modalità di svolgimento del lavoro ordinario.

Dunque in tali ed altri casi, purché non si pregiudichino le primarie esigenze di servizio dell'ufficio di appartenenza, il lavoratore pubblico può trarre un beneficio anche economico dall'effettuare attività diverse dal suo impiego principale.

§ 4. ATTIVITÀ LIBERE

Non hanno infine bisogno di **alcuna autorizzazione** le prestazioni rese dal lavoratore presso associazioni di volontariato o cooperative a carattere socio-assistenziale <u>senza scopo di lucro</u>.

Sono quel tipo di attività espressione di principi costituzionalmente tutelati e che, perciò, non possono essere limitati, quali, ad es, la libertà di associazione, di pensiero, la partecipazione ad associazioni, comitati scientifici, collaborazioni giornalistiche, o relazioni in convegni, tipologie di incarichi, anche se in alcuni casi retribuiti, che però devono essere svolti al di fuori dell'orario di servizio, e sempre che non pregiudichino l'impegno principale che viene espletato nell'amministrazione di appartenenza.

Il legislatore, all'art. 53, comma 6, del DLgs. 165/2001, ha indicato espressamente quali sono le attività liberalizzate. **Si tratta** dunque **di:**

-collaborazione a giornali, riviste, enciclopedie e simili (in alcuni di questi casi però l'amministrazione può pretendere che il dipendente sia preventivamente autorizzato ad utilizzare la qualifica di appartenenza ed esigere la precisazione che quanto scritto **non rappresenti la linea di azione dell'amministrazione di titolarità**);

-utilizzazione economica, da parte dell'autore, di opere dell'ingegno e di invenzioni industriali;

-partecipazione a convegni e seminari;

-incarichi per i quali è corrisposto solo il rimborso delle spese documentate (in questi casi il dipendente dovrà conservare copia della relativa documentazione);

-incarichi per lo svolgimento dei quali il dipendente è posto in posizione di **aspettativa**, di **comando** o di **fuori ruolo**;

-incarichi conferiti dalle organizzazioni sindacali a dipendenti presso le stesse distaccati o in aspettativa non retribuita;

-attività di formazione diretta ai dipendenti della pubblica amministrazione nonché di docenza e di ricerca scientifica.

Tutti questi incarichi non necessitano di comunicazione al Dipartimento della Funzione Pubblica in quanto liberalizzati e, quindi, non assoggettati ad autorizzazione, fermo restando il divieto, per il dipendente, di svolgere attività che possano risultare in concorrenza o in contrasto con l'amministrazione di appartenenza.

Il Codice di comportamento dei dipendenti pubblici considera alcuni casi di ulteriori attività e fa obbligo al lavoratore di comunicare tempestivamente al responsabile dell'ufficio di servizio la propria adesione o appartenenza ad associazioni od organizzazioni, a prescindere dal loro carattere riservato o meno, i cui ambiti di interessi possano interferire con lo svolgimento dell'attività dell'ufficio.

Nessuna comunicazione dovrà essere prodotta quando trattasi di adesione a partiti politici o a sindacati.

§ 5. LAVORO A TEMPO PARZIALE E INCOMPATIBILITÀ
In via generale **sono esclusi dalle incompatibilità i dipendenti di amministrazioni pubbliche in** *part-time* con prestazione lavorativa non superiore al 50% di quella a

tempo pieno.

Questa particolare posizione consente di svolgere un'altra attività lavorativa subordinata o autonoma, pure mediante iscrizioni ad albi, e introduce la regola che il secondo lavoro è consentito, mentre il diniego ha carattere *residuale*.

Tali impiegati sono, però, tenuti a comunicare, entro 15 giorni, all'amministrazione nella quale prestano servizio l'eventuale successivo inizio o la variazione del lavoro esterno.

Però, allo scopo di scongiurare conflitti di interessi che potrebbero nascere nello svolgimento di ulteriori incarichi, i dipendenti in part-time sono assoggettati agli stessi controlli previsti per il personale a tempo pieno, al fine di accertare che l'attività aggiuntiva non comporti grave pregiudizio alla funzionalità dell'amministrazione, in relazione alle mansioni e alla posizione organizzativa dagli stessi ricoperta.

Qualora il datore di lavoro rilevi un conflitto di interessi tra l'attività svolta dal dipendente in part-time e i suoi compiti istituzionali, deve diffidarlo a cessare tale attività entro 15 giorni, a pena di decadenza.

Non è però mai possibile lo svolgimento di un incarico aggiuntivo **in favore di un'altra amministrazione pubblica**, essendo assolutamente **escluso il cumulo di impieghi**.

Tra le professioni che il dipendente part-time può svolgere, **è esclusa quella di avvocato.** Un Regio Decreto del 1934 (considerato *lex specialis*), vieta infatti ai dipendenti pubblici, tranne a quelli dei ruoli legali interni, di iscriversi agli **ordini**.

§ 6. L'ANAGRAFE DELLE PRESTAZIONI

Come detto, ai fini di dare pubblicità e trasparenza, nonché monitorare la spesa pubblica relativa agli incarichi conferiti ai pubblici dipendenti, ai consulenti e collaboratori esterni **è stata istituita**, dall'art. 24 della L 30 dicembre 1991, n. 412, **presso la Presidenza del Consiglio dei Ministri** – Dipartimento della funzione pubblica, una specifica banca dati denominata "**Anagrafe delle prestazioni**".

Le amministrazioni pubbliche che conferiscono o autorizzano incarichi, anche a titolo gratuito, ai propri dipendenti devono darne **comunicazione in via telematica**, ai sensi del comma 12 dell'art. 53 del DLgs. 165/2001, entro 15 giorni, al Dipartimento della funzione pubblica, con indicazione della tipologia dell'incarico e del compenso lordo, ove previsto. Tali informazioni devono risultare accessibili al pubblico per via telematica, e rese note in tabelle riassuntive.

I cittadini possono liberamente consultare tutti gli incarichi presenti nella banca dati collegandosi al sito www.consulentipubblici.gov.it

Entro il 31 dicembre di ciascun anno il Dipartimento della funzione pubblica deve inviare alla Corte dei conti l'elenco delle amministrazioni che non hanno effettuato le prescritte comunicazioni, considerando che tali inadempienze precludono la possibilità di conferire nuovi incarichi fino a quando non saranno regolarizzati gli adempimenti prescritti.

I REATI CONTRO LA PUBBLICA AMMINISTRAZIONE

CAPO **I**

IL DIRITTO PENALE NEL NOSTRO ORDINAMENTO

§ 1. DEFINIZIONE E CARATTERI DEL DIRITTO PENALE

Può definirsi "<u>diritto penale</u>" quel **complesso di norme giuridiche** con cui lo Stato, mediante la minaccia di una specifica <u>**sanzione**</u>, *reprime* o *previene* determinati comportamenti considerati contrari alle regole. Questi i suoi caratteri:

a) è diritto *positivo*: perché deve essere previsto da norme giuridiche;

b) è diritto *statuale* : perché emanato solo dallo Stato;

c) è diritto *pubblico* : perché è un ramo di esso;

d) è diritto *autonomo* : perchè tutela interessi in modo autonomo.

Il diritto penale ha sia funzione *preventiva* che *punitiva*. Infatti l'inosservanza delle regole viene perseguita mediante l'applicazione di una sanzione afflittiva che incide su un bene fondamentale che è la <u>libertà personale</u>; per tale motivo il diritto penale deve (o meglio, *dovrebbe*) essere applicato solo come *estrema ratio*.

La prima, e fondamentale differenza con altre branche del diritto è che al diritto penale si collegano le **pene** (come la **privazione della libertà**) vere e proprie, al diritto, ad esempio, amministrativo invece si collegano solo **sanzioni amministrative**.

Per diritto penale *processuale* o formale si intende invece quel ramo del diritto pubblico che disciplina lo svolgimento del processo penale.

§ 3. LE PARTIZIONE DEL DIRITTO PENALE

Il diritto penale detto "**fondamentale**", è quello contenuto nel codice penale vigente, il codice <u>ROCCO</u> del 1930 (di impianto fascista con leggeri ammodernamenti), che a sua volta ha sostituito il precedente codice penale del regno d'Italia del 1889 (codice Zanardelli);

-il diritto penale detto "**complementare**" è invece quello che fa riferimento a leggi speciali che prevedono autonome figure di reato;

-il diritto penale *comune* è quello che si applica a *tutti* i soggetti;

-il diritto penale *speciale* è invece rivolto *solo a determinati soggetti* (es. militari);

-il diritto penale *generale* è quello che si applica a *tutto* il territorio nazionale;

-il diritto penale *locale è* invece quello che si applica solo *ad una parte* circoscritta di esso (raramente applicato e solo in caso di calamità, si pensi a leggi contro lo ociacallaggio nei casi di terremoti).

Il codice penale vigente è diviso in **tre** libri :
-1° libro **DEI REATI IN GENERALE;**
-2° libro **DEI DELITTI IN PARTICOLARE;**
-3° libro **DELLE CONTRAVVENZIONI IN PARTICOLARE.**

§ 4. I CARATTERI FONDAMENTALI DEL VIGENTE SISTEMA PENALE

Caratteri **essenziali** del diritto penale sono:
-l'*autonomia*: in quanto completo e dotato di proprie regole e propri principi;
-la *sussidiarietà*: in quanto al diritto penale vi si ricorrere per estrema ratio, cioè solo quando con le altre misure non è possibile **contenere le condotte** ritenute offensive;
-la *frammentarietà*: diviene illecito penale solo quanto riferito a precise condotte;
-la *necessarietà* o meritevolezza: nel senso che l'intervento penale è richiesto per fatti ritenuti **molto gravi.**

§ 5. LA NORMA PENALE E LE FONTI DEL DIRITTO PENALE

Sono definite *norme penali* quelle che disciplinano l'esercizio del potere punitivo dello stato.
Tra queste, sono dette norme **perfette** o norme *incriminatrici* quelle che contengono un comando penalmente sanzionato, ossia che *vietano* un comportamento e *minacciano* una punizione in caso di trasgressione.
Gli elementi di una norma incriminatrice perfetta sono dunque:
-il **PRECETTO**, ossia il comando o il divieto di compiere o commettere un'azione;
la **SANZIONE**, ossia la pena minacciata.
Ulteriore distinzione si fa tra norme penali:
imperfette: se contengono solo il precetto o solo la sanzione;
in bianco: se contengono il precetto generico e che va integrato con atti normativi di grado inferiore;
integrative: non contengono né un precetto né una sanzione ma precisano e spiegano altre norme.
Il principio della **riserva di legge** vale sia per le norme incriminatrici che per quelle scriminanti oppure modificative o estintive delle conseguenze sanzionatorie, e non solo per i delitti, ma anche per le contravvenzioni. Il termine legge viene pressoché concordemente inteso in senso espansivo, comprensivo della legge in senso tecnico e degli atti ad essa il equiparati.
Pertanto, in base all'attuale ordinamento costituzionale, **fonti** del diritto penale sono:
-le *leggi formali*, che comprendono, oltre alla Costituzione e dalle leggi costituzionali emanate dall'assemblea costituente, gli atti normativi emanati dal parlamento, cioè le leggi costituzionali e, in particolare, le leggi ordinarie.

-le *leggi materiali,* cioè gli atti emanati da organi diversi dal potere legislativo ma aventi forza di legge: le leggi delegate o decreti legislativi, emanati dal governo su delegazione del potere legislativo; i decreti legge, emanata su propria responsabilità dal governo in casi straordinari di necessità e di urgenza; nonché i decreti governativi in tempo di guerra, emanati sulla base dei poteri necessari conferiti dalle camere al governo.

Pure non senza dissensi, si propende a considerare fonti penali anche i <u>bandi militari,</u> emanati dall'autorità militare con forza di legge nella zona territoriale in cui si esplica il comando.

Circa il diritto internazionale si è sempre ritenuto che esso **non** possa costituire fonte diretta di diritto penale nazionale.

La stessa riserva di legge non vieta al legislatore di emanare leggi personali o singolari, dirette cioè a singoli soggetti individualmente indicati o, comunque, identificabili a priori, anche in rapporto a fatti commessi.

Infine, la questione dell'eventuale potestà legislativa delle Regioni in materia penale sembra ormai risolta in senso negativo, alla stregua del testo riformato dell'art. 117 Cost., il cui 2° co. sancisce la legislazione *esclusiva* dello Stato, fra l'altro, in materia di "ordinamento civile e penale".

I PRINCIPALI TESTI LEGISLATIVI

La principale **fonte** del diritto penale vigente è costituita del <u>**codice penale**</u> integrato dalle disposizioni di coordinamento e transitorie e modificato da vari provvedimenti legislativi, da ultimo la riforma Cartabia (della quale, in questa sede, terremo conto), per i quali rimandiamo al *Compendio di Diritto Penale* edito da STUDIOPIGI.

Accanto a esso va subito ricordato l'<u>**Ordinamento penitenziario**</u> il quale da luogo al *diritto penitenziario,* che tende sempre più a collegarsi con i diritto penale, sostanziale e processuale. Tra le tante altre fonti, che danno vita al diritto penale speciale o complementare, in senso lato, applicabile solo a particolari categorie di soggetti in ragione della loro qualità o della condizione giuridica in cui vengono a trovarsi, vanno ricordati:

1)il codice penale militare **di pace** ed il codice penale militare **di guerra** che costituiscono il diritto penale militare;

2)la **legge** 7/1/29, **n. 4,** per la repressione delle violazioni delle leggi finanziarie, che costituisce, assieme al DL **n. 429/82** la fonte principale del diritto penale tributario;

3)il DL **20/7/34, n. 1400,** per l'istituzione e il funzionamento del tribunale di minorenni che costituisce la fonte del diritto penale minorile;

4)il DLgs **30/04/92, n. 285** (Codice della Strada), sulla disciplina della circolazione stradale;

5)il **Testo unico delle leggi di Pubblica Sicurezza** (TULPS) che continua a sopravvivere nonostante gli attacchi della corte costituzionale ed i progetti di riforma.

§ 6. I PRINCIPI ISPIRATORI DEL DIRITTO PENALE

IL PRINCIPIO DI LEGALITÀ

La genesi di tale principio risale alla teoria del contratto sociale ed al pensiero illuministico proteso ad eliminare gli arbitri e i soprusi dello stato assoluto nei confronti dei cittadini.

Attualmente **è statuito** *sia* dall'**art. 25/2** della **Costituzione** *che* dall'**art. 1** del **codice penale**: la norma costituzionale sancisce che "nessuno può essere punito <u>se non in forza di una legge</u> entrata in vigore prima del fatto commesso", mentre la disposizione penale statuisce che "nessuno può essere punito per un fatto che non sia espressamente preveduto come reato dalla legge", né "con pene che non siano da essa stabilite".

Nonostante la Costituzione, diversamente dall'art. 1 cp, non menzioni l'avverbio "espressamente" e non faccia alcun riferimento alle pene, è da ritenere che le due norme di legge abbiano la stessa ratio ed un contenuto del tutto corrispondente (tale eguaglianza di contenuti è riconosciuta dalla maggioranza della dottrina (si confrontino ad esempio, **MANTOVANI, PADOVANI, FIORE** e **FIANDACA–MUSCO**).

Il principio di legalità si scompone in **quattro** *sotto principi*: la riserva di legge, la tassatività della fattispecie penale, l'irretroattività della legge penale e il divieto di analogia in materia penale.

-la *riserva di legge* vieta di sanzionare penalmente un fatto in assenza di una legge preesistente che lo configuri come reato. Il riservare esclusivamente al legislatore la potestà normativa in materia penale risponde ad esigenze di garanzia sia formali che sostanziali e tutela i diritti delle minoranze e delle forze politiche dell'opposizione. La riserva di legge, nonostante alcune sentenze in senso contrario della Cassazione, deve intendersi come riserva assoluta; esistono tuttavia, in seno alla dottrina, delle divergenze relativamente alla sua portata e ai suoi limiti.

-il *principio di tassatività* attiene invece alla tecnica di formulazione delle norme che mira principalmente a salvaguardare i cittadini dagli abusi del potere giudiziario imponendo che le norme siano formulate in modo chiaro e preciso, di modo che sia dato al cittadino distinguere senza possibilità di errore ciò che è lecito da ciò che non lo è.

Gli strumenti di tecnica legislativa che attengono alla redazione delle fattispecie penali si distinguono in elementi descrittivi ed elementi normativi; questi ultimi a loro volta si suddividono in giuridici ed extragiuridici.

Gli elementi *descrittivi*, detti anche elementi rigidi, sono quelli che meglio salvaguardano il principio di tassatività: essi traggono il loro significato direttamente dell'esperienza del mondo materiale ed esprimono concetti chiari e univoci come uomo, casa, animale, o morte.

Gli elementi *normativi*, invece, necessitano per la determinazione del loro contenuto il rinvio a norme diverse rispetto a quella incriminatrice: questa etero-integrazione può riguardare, come anticipato in precedenza, norme giuridiche, come nel caso dell'altruità della cosa nel reato di furto, oppure norme extragiuridiche, sociali, etiche e di costume, come la morale, il pudore e l'onore, concetti questi, che, sfuggendo ad un'esatta definizione, lasciano al giudice larghi margini di discrezionalità, con conseguente sacrificio del principio di tassatività che viene in questo modo inevitabilmente eluso.

-circa il *principio di irretroattività*, bisogna sottolineare che esso, nonostante sia previsto per tutte le leggi dall'art. 11 delle disposizioni preliminari (la legge non dispone che per l'avvenire, essa non ha effetto retroattivo), ha rilievo costituzionale, come si desume dall'art. 25/2 Cost., solo riguardo la materia penalistica. Tale principio vieta di applicare la legge penale a fatti commessi prima della sua entrata in vigore.

-il *divieto di analogia in materia penale*, infine, si desume espressamente dall'art. 14 delle disposizioni sulla legge in generale e implicitamente dall'art. 1 cp (nessuno può essere punito per un fatto che non sia espressamente previsto dalla legge come reato). Esso vieta l'applicazione analogica di sanzioni penali relativamente a fattispecie non espressamente previste e disciplinate dal legislatore; è tuttavia un principio avente una valenza relativa, in quanto è ammessa in materia penale l'analogia in *bonam partem*.

Non è detto però che l'analogia in *bonam partem* sia sempre consentita solo perché concerne una norma penale favorevole. Occorre verificare che non si tratti di norma avente carattere eccezionale, e come tale esclusa in via generale (a prescindere cioè che si tratti di disposizione penale o no) dall'applicazione analogica in virtù dell'art. 14 disp. prel. c.c. che stabilisce che "le leggi (...) che fanno eccezione a regole generali o ad altre leggi non si applicano oltre i casi (...) in esse considerati".

Così, l'opinione tradizionale giunge ad escludere l'applicazione analogica delle cause di non punibilità in senso stretto e delle cause di estinzione del reato e della pena in quanto ritenute eccezionali. Inoltre l'analogia non è utilizzabile in rapporto a quelle norme che, pur essendo favorevoli e non eccezionali, quali sono essenzialmente le cause di giustificazione, siano però formulate in modo da non essere logicamente suscettibili di estensione analogica.

IL PRINCIPIO DI DETERMINATEZZA

La formulazione della norma deve essere **sufficientemente chiara** in modo che sia facilmente desumibile ciò che non è considerato lecito; questa determinatezza deve riferirsi anche alla sanzione.

IL PRINCIPIO DI TIPICITÀ

È reato **solo ciò** che il legislatore ha espressamente e *tassativamente* considerato come tale.

Questa regola dell'ordinamento esprime l'esigenza che il legislatore, nel prevedere un reato, descriva, sulla base dell'esperienza comune, un processo della realtà, in modo tale che, quando esso in concreto si verifichi, sia agevolmente riconoscibile la sua corrispondenza all'azione vietata dalla legge sotto la minaccia della pena; così da inibire, per quanto possibile, il sempre possibile arbitrio del giudice, o, peggio, rigurgiti di regimi totalitari, di cui il diritto penale è sempre stato principale **strumento di oppressione**

IL PRINCIPIO DEL FAVOR REI

Nel caso in cui un comportamento non sia più ritenuto reato decade anche la pena inflitta.

Il principio del *favor rei* va applicato anche fra due norme che disciplinano un comportamento, applicando quella che condurrà a conseguenze meno gravose per il reo.

Il principio di retroattività della legge favorevole incontra deroghe riguardanti: a) le leggi penali temporanee; b) le leggi penali eccezionali; c) le leggi penali finanziarie.

Le prime due sono previste dall'articolo 2, quarto comma, c.p. il quale appunto dispone che "se si tratta di leggi eccezionali o temporanee, non si applicano le disposizioni dei capoverso precedenti".

Temporanee sono le leggi la cui vigenza è sottoposta ad un termine prefissato dal legislatore, scaduto il quale esse cessano di esistere senza bisogno di una nuova legge abrogativa.

Eccezionali sono, invece, le leggi la cui vigenza è dal legislatore subordinata al persistere di una situazione eccezionale cui debbono far fronte, cessata la quale esse pure cessano di esistere.

La terza deroga al principio di retroattività della legge favorevole è prevista dall'articolo 20 della legge 7/1/29, n. 4, sulla repressione delle violazioni delle leggi finanziarie: "le disposizioni penali delle leggi finanziarie e quelle che prevedono ogni altra violazione di dette leggi si applicano ai fatti commessi quando tali disposizioni erano in vigore, ancorché le disposizioni medesime siano bloccate o modificate al tempo della loro applicazione". Essa riguarda, pertanto, la sola ipotesi in cui alla legge penale finanziaria succeda una legge abrogativa o modificativa più favorevole, comune o finanziaria, e non anche l'ipotesi, più rara, in cui ad una legge comune succedano una legge finanziaria più favorevole, che sarà perciò applicabile retroattivamente.

Per applicarsi le regole della successione di leggi è necessario prima stabilire se il fatto è stato commesso sotto una o l'altra legge. Il problema, che non sorge quando il fatto si è interamente svolto sotto una delle due leggi, si pone invece quando si sia svolto in parte sotto l'una e in parte sotto l'altra come appunto può verificarsi nei reati e tempi plurimi, quali i reati ad azione frazionata.

Nel silenzio della legge la dottrina ha enunciato i seguenti criteri:

-il criterio della *condotta*, per il quale il reato si considera commesso nel momento in cui è stata realizzata l'azione o l'omissione;

-il criterio dell'*evento* o, più esattamente, del completamento della fattispecie legale, secondo il quale il reato è commesso nel momento in cui si è realizzato l'ultimo elemento della fattispecie stessa;

-il criterio *misto*, per il quale dovrebbe guardarsi alla condotta o all'evento a seconda del risultato più favorevole per il reo.

La prevalente dottrina respinge sia il criterio misto sia quello dell'evento ed accoglie quello della **condotta**. È nel momento della *condotta*, infatti, che il soggetto sceglie di porsi contro il diritto e che la legge può esercitare su di lui la sua efficacia intimidatrice.

IL PRINCIPIO DI TERRITORIALITÀ DEL DIRITTO

Ogni norma dello stato incontra il **limite di spazialità ed efficacia** per cui:

-tutti devono rispettare la legge, cittadini italiani o meno (articolo 3);

-chi commette un reato in territorio italiano è punito secondo la legge italiana (art. 6 cp).

Questo principio esclude che per uno stesso ed unico fatto una persona possa essere chiamata a rispondere di diversi titoli di reato.

§ 7. L'INTERPRETAZIONE IN GENERALE ED IL DIVIETO DI ANALOGIA

L'**interpretazione** *giuridica* è quel procedimento logico attraverso il quale si chiarisce e si spiega il significato di una norma.

Si parla di interpretazione *estensiva* quando una ipotesi apparentemente fuori dalla sfera della norma viene riportata all'interno della stessa.

Differisce dall'**analogia** secondo la quale, ad un caso concreto non previsto dalla legge, si applica la disciplina desunta da un caso *analogo* (analogia *legis*) avente in comune col primo la *ratio legis* o dai principi generali dell'ordinamento (analogia *iuris*); in sintesi l'analogia consiste nel dare un regolamento ad un caso **non** disciplinato.

Questo particolare procedimento di produzione normativa non è ammesso nel diritto penale: il divieto dell'interpretazione analogica è infatti esplicitamente previsto nell'art. 14 delle Disposizioni sulla legge in generale, che stabilisce: "Le leggi penali e quelle che fanno eccezione a regole generali o ad altre leggi non si applicano *oltre i casi* e *i tempi* in esse considerati".

Sembra invece doversi ammettere, in omaggio al principio del *favor rei*, e secondo l'orientamento largamente prevalente in dottrina, la cd analogia *in bonam partem*, ossia quella riferita a norme che prevedono cause di non punibilità del fatto previsto come reato, o ipotesi di attenuazione della pena.

§ 8. CONCORSO DI NORME E CONCORSO DI REATI

Il concorso di reati può essere può essere **materiale** o **formale**.

È *materiale* quando con più azioni o omissioni si commettono più reati, e quindi vi è concorso di norme, ed il concorso è materiale e non apparente,

Si ha invece concorso *formale* di reati quando con una sola azione od omissione si violano *più* disposizioni di legge.

§ 9. IL REATO, I DELITTI E LE CONTRAVVENZIONI

Secondo una tradizionale definizione è **reato** ogni fatto umano cui la legge ricollega una **sanzione penale**.

Tale definizione rende conto tuttavia soltanto delle conseguenze giuridiche che la legge prevede nel caso in cui venga posto in essere quel determinato fatto umano. Il tentativo di dare contenuto sostanziale alla nozione della presente voce è stato proprio delle principali scuole di pensiero, che hanno affrontato l'analisi del reato.

Secondo il *giusnaturalismo*, scuola di pensiero che fonda i proprio principi sull'esistenza di un diritto naturale, sarebbe reato ogni fatto che turba l'ordine etico, l'ordine giuridico naturale, e per tale motivo è sanzionato penalmente dallo Stato. La scuola positiva ha impostato l'analisi del reato attraverso lo studio della struttura della società in cui l'uomo opera. Di qui la ricerca ha portato a considerare reato ogni fatto tale da recare danno o porre in pericolo la società; ovvero da essere in contrasto con la moralità media di un popolo, considerata in un determinato contesto storico e sociale. Tali definizioni, non soddisfacenti, hanno indotto ad elaborare una concezione formale-sostanziale del reato. È evidente che qualsiasi definizione di reato non può non fondarsi su di un sistema di valori da tutelare. La questione riguarda l'individuazione di tale sistema, e soprattutto da parte di quale soggetto tale individuazione deve provenire.

Nell'ambito della concezione formale-sostanziale, assume rilevanza il sistema di valori contenuto nella Carta Costituzionale, che costituisce già un criterio selettivo dei fatti che meritino una sanzione penale. Perciò, divengono penalmente tutelabili *i valori costituzionalmente rilevanti*, o compatibili con la Carta costituzionale, con la conseguenza che debbono qualificarsi reati soltanto quei fatti che ledono o pongono in pericolo siffatti valori, o beni giuridici, a condizione che il ricorso alla sanzione penale sia inevitabile al fine di tutelare gli anzidetti valori costituzionalmente prodotti. In forza di tale concezione nasce innanzitutto una nuova nozione formale di reato, per cui è tale ogni fatto umano che sia in contrasto con la legge penale conforme alla Costituzione. Inoltre è reato ogni fatto che si pone in contrasto con il sistema di valori e beni giuridici tutelati dalla Costituzione.

Il reato, dal punto di vista dinamico, si svolge nel tempo e si realizza secondo un *iter criminis* le cui fasi sono :

-*ideazione,* che corrisponde al periodo in cui nasce e si sviluppa l' idea di commettere il reato: è presente solo nei reati dolosi;

-*esecuzione,* che coincide con la realizzazione del comportamento vietato (= condotta tipica del reato);

-*consumazione,* che è il punto d'arrivo dell' esecuzione.

Ogni reato ha come oggetto un bene giuridico, cioè protetto dall' ordinamento e quindi si ha la consumazione del reato che coincide quindi con l'effettiva lesione o la messa in pericolo di tale bene; è da notare l'importanza pratica della precisa determinazione del momento consumativi (es, individuare la norma da applicare in caso successione di leggi penali; decorrenza dell' indulto).

Il codice penale espressamente classifica i delitti e le contravvenzioni in virtù della diversa natura delle pene, cosicchè:

-i *delitti* sono puniti con l'ergastolo, la reclusione e la multa;

-le *contravvenzioni* con l'arresto e l'ammenda.

Quindi il codice penale prevede (artt. 22 ss.) pene *principali* (pene detentive: ergastolo, reclusione, per i delitti; arresto, per le contravvenzioni; pene pecuniarie: multa, per i delitti; ammenda per le contravvenzioni), pene *accessorie* (interdizioni, incapacità, estinzione di rapporti, decadenze, sospensioni da uffici, professioni e arti, pubblicazione della sentenza penale di condanna).

La L. n. 67/2014 conteneva una delega per la parziale trasformazione del sistema, aggiungendo alla reclusione la pena della *reclusione domiciliare* e sostituendo all'arresto il solo *arresto domiciliare*. La delega non ha però avuto attuazione per questi profili di disciplina.

LE DIFFERENZE CON GLI ALTRI ILLECITI PREVISTI DAL NOSTRO ORDINAMENTO

In alcuni testi di Diritto Penale, ritroviamo un'analisi delle principali differenze tra il reato e le altre forme di illecito previste dal nostro ordinamento:

-illecito *assicurabile*: parte della dottrina ha individuato un illecito cd "assicurabile" figura contigua al reato, che prevede l'applicazione di misure di sicurezza. Affinché una misura di sicurezza sia applicata è, infatti, necessario che sia commesso un reato o quasi-reato e l'agente possa considerarsi "socialmente pericoloso". Il presupposto della pericolosità dell'agente (quindi non dell'evento) è il tratto maggiormente distintivo dell'illecito assicurabile;

-illecito *prevenzionale*: è quello che viene sanzionato mediante l'applicazione di misure di prevenzione. Le misure di prevenzione sono provvedimenti coercitivi con funzione preventiva, venendo applicate *ante delictum*, ossia prima della commissione di un reato, sempre sul presupposto della pericolosità del destinatario, con il risultato di snaturare la funzione stessa delle sanzioni che è, appunto, quella di prevenire il pericolo di eventi lesivi di interessi protetti;

-illecito *amministrativo*: figura molto prossima al reato, con l'entrata in vigore della L. n 689/1981, è quello punito con sanzione pecuniaria. Molti dei principi validi per l'illecito penale sono stati estesi all'illecito amministrativo, che continua a distinguersi in base ad alcune differenze strutturali, giustificate dalla minore gravità di esso. Così, ad esempio, se per i delitti, si richiede al fine della sussistenza di questi il dolo, nell'illecito amministrativo è sufficiente la presenza della colpa;

-illecito *civile*: o illecito "extracontrattuale" (ai sensi dell'art. 2043 c.c.). Differisce dal reato sia riguardo la struttura del comportamento vietato sia alla funzione della sanzione.

L'illecito civile può essere dunque integrato da fatti diversissimi (lesioni, danneggiamento di beni materiali). Il reato, invece, può essere integrato esclusivamente da fatti che corrispondono, in ogni loro elemento, al *tipo* espressamente descritto dalla legge. Circa le differenze legate alla sanzione, mentre il risarcimento del danno, classica sanzione dell'illecito civile extracontrattuale, ha funzione tipicamente reintegrativa, la pena trova una sua peculiare funzione proprio là dove il danno prodotto non sia compiutamente riparabile (si pensi alla morte di un uomo);

-illecito *internazionale*: costituisce una particolare figura integrata da comportamenti riconducibili a organi dello Stato, commessi a danno di cittadini o Stati stranieri. La struttura di simili illeciti è molto distante dal quella tipica del reato, non fosse altro che per la particolare natura del soggetto che figura come responsabile: lo Stato. L'illecito internazionale presenta notevoli affinità con l'illecito civile (o extracontrattuale); mentre la disciplina del suo elemento soggettivo è incentrata sulla individuazione di figure che nulla hanno a che fare con la disciplina della volontà colpevole, essendo per giunta la colpa un elemento controverso dell'illecito internazionale.

§ 10. IL SOGGETTO ATTIVO DEL REATO

Per il diritto penale, <u>il **reo** è il soggetto attivo del reato</u>, ossia colui che pone in essere il comportamento illecito e che, normalmente, si identifica come persona *fisica*.

Per assumere la *capacità penale* una persona deve possedere quell'insieme di condizioni per cui possa essere considerato soggetto di diritto penale.

Si può distinguere tra:

-reati *comuni*: quelli che possono essere commessi da qualsiasi persona;

-reati *propri*: quelli attribuibili solo a chi riveste particolari qualifiche.

I reati propri a loro volta si dividono in:

-*esclusivi* cioè tali solo se commessi da persona con determinate qualifiche;

non esclusivi cioè quelli che sono reati indipendentemente da chi li compie, ma che, a causa della qualifica del soggetto, vengono ritenuti più gravi.

Il reato può essere commesso da *più* soggetti e tale pluralità può essere:

-*necessaria* (es, il reato di rissa);

-*non necessaria* (es, il reato di rapina).

§ 11. GLI ELEMENTI ESSENZIALI GENERALI DEL REATO

L'analisi della struttura del reato si sostanzia nella necessità di individuare gli elementi essenziali dell'illecito penale senza i quali il fatto *non può* essere reato.

Attualmente la teoria prevalente è quella della *tripartizione*, per la quale sono elementi essenziali dell'illecito penale:
-l'*antigiuridicità*;
-l'elemento soggettivo (ossia la *consapevolezza*);
-l'elemento oggettivo (ossia il *fatto*).
Dove per antigiuridicità si intende il **contrasto** tra il fatto e l'intero ordinamento giuridico; nella struttura del reato l'antigiuridicità si sostanzia nella mancanza delle cosiddette "cause di giustificazione".

§ 12. LA STRUTTURA DEL REATO

È considerato **reato** qualsiasi *atto volontario illecito* al quale l'ordinamento ricollega come conseguenza una sanzione penale; a ciò va aggiunta una nozione sostanziale sulla base dei caratteri sociali che questo riveste, la cui connotazione morale prescinde dal giudizio del legislatore.
Per questo la dottrina penalistica ha elaborato **due** contrapposti principi:
-il principio di soggettività (o *psicologico*) per cui il reato si configura in momenti puramenti psichici (il modo di essere di un a persona)
-il principio di materialità (o *oggettivo*) per cui il reato è solo il comportamento umano che si realizza nel mondo esteriore, cioè' percepito e dotato di una sua oggettività.
Dell'elemento oggettivo fanno parte:
-la condotta;
-l'evento;
-il nesso di casualità.

LA CONDOTTA

Con il termine **condotta** si intende il comportamento umano che costituisce reato. La condotta può essere:
-*positiva* (azione);
-*negativa* (omissione),
ed essere sostenuta dalla *volontà* e dalla *coscienza* di chi la compie.
L'*azione* si verifica quando vi è un movimento del corpo che si concretizza in atti visibili e manifesti, che può essere costituita da un unico atto o da una *pluralità* di atti che però hanno un unico fine.
Si parla invece di omissione in riferimento al *mancato compimento* dell'azione che ci si attende da una persona. Il reato omissivo si distingue in:
-reato omissivo *proprio* in cui la condotta negativa è necessaria e sufficiente (omissione di referto)
-reato commissivo *mediante omissione* dove è necessario un certo comportamento per causare danno;
La coscienza e la volontà nell'azione consistono nella riferibilità dell'atto al *volere* dell'agente.

L'EVENTO

Secondo la concezione naturalistica, l'**evento** è un effetto naturale della condotta umana.
Secondo la concezione giuridica, per evento deve intendersi l'*effetto offensivo* della condotta (lesione o messa in atto di un pericolo ad essa legato da un nesso di casualità).

IL RAPPORTO DI CAUSALITÀ

Affinchè un reato esista è necessario che la condotta e l'evento siano legati da un **nesso causale**.

La necessarietà di questo terzo elemento si ricava dalla lettura combinata degli:

-art. **40 del cp** "nessuno può essere considerato autore del reato se l'evento dannoso o pericoloso che lo caratterizza *non è in relazione causale* col suo comportamento".

-art. **27 della Costituzione**, che afferma che la "responsabilità penale *è personale*".

La "relazione causale" è l'insieme delle condizioni contigue nello spazio e nel tempo dalle quali dipende il verificarsi dell'evento.

§ 13. CAUSE DI ESCLUSIONE DELLA COSCIENZA E VOLONTÀ

Sono considerate cause di **esclusione** della coscienza e volontà:

-la *forza maggiore*: ogni forza esterna contro la quale il soggetto non può resistere e che contro la sua volontà e in modo inevitabile lo porta al compimento dell'azione.

-il *costringimento*: l'autore del reato rappresenta solo un mezzo di un altro soggetto che la legge considera il vero responsabile del reato.

§ 14. L' ELEMENTO SOGGETTIVO O PSICOLOGICO DEL REATO

Nel diritto penale moderno non basta che un fatto materiale sia imputabile ad un soggetto, ma occorre che lo stesso gli sia attribuibile dal punto di vista **psicologico**, ovvero <u>deve esistere un</u> **nesso psichico** tra agente e fatto: il concetto di *colpevolezza* poggia infatti sull'insieme delle condizioni necessarie per l'attribuzione psicologica del fatto al soggetto; secondo l'art. 42 cp, infatti, "nessuno può essere punito per un'azione o omissione, prevista dalla legge come reato, se non l'ha commessa *con coscienza e volontà*". Il comportamento di un uomo può dirsi cosciente e volontario, quando esso è dominabile dall'agente, ossia quando l'agente è in grado di determinarlo e controllarlo.

Le forme in cui esso tipicamente si può presentare sono due: il **dolo** o la **colpa**:

-per il configurarsi del *dolo*, è necessario che l'agente si sia "rappresentato" tutti gli elementi costitutivi del fatto materiale (generali e speciali). La rappresentazione dell'elemento materiale, in tutte le sue componenti, positive e negative, integra il cosiddetto momento *conoscitivo* o intellettivo del dolo;

-la *colpa* invece si presenta come forma di colpevolezza meno grave del dolo. Nelle ipotesi di colpa, infatti (salvo le ipotesi di cd "colpa cosciente" ipotesi più grave contemplata dal nostro ordinamento) l'agente, a causa di negligenza, imprudenza o imperizia, ovvero a seguito dell'inosservanza di regole di cautela imposte da norme giuridiche, manca di rappresentarsi uno o più degli elementi costitutivi del fatto materiale. Egli insomma non vuole che il fatto si realizzi, ma ne è comunque responsabile.

L'*imputabilità* costituisce presupposto di colpevolezza in quanto solo una persone capace di intendere e volere può rispondere di comportamenti dolosi o colposi.

§ 15. L'OGGETTO GIURIDICO DEL REATO

Oggetto giuridico del reato è il **bene** giuridico o l'**interesse** giuridico tutelato dalla norma che prevede il reato stesso.

Nell'individuazione dell'oggetto giuridico del reato è ovviamente importante la scelta fatta dallo stesso legislatore, scelta resa palese dalla collocazione sistematica della norma. Tale scelta legislativa, tuttavia, non è né vincolante né esaustiva sia perché il bene protetto può risultare diverso da quello indicato dal legislatore sia perché spesso le norme penali tutelano anche altri beni oltre quelli espressamente indicati.

È opinione prevalente in dottrina che, con l'entrata in vigore della Costituzione, l'individuazione dei beni protetti dalle norme vada fatta con riferimento ad essa.

L'oggetto giuridico non va confuso con l'oggetto *materiale* dell'azione; così, ad esempio, nel furto di un portafogli oggetto materiale della condotta è il portafogli mentre oggetto giuridico è il patrimonio.

§ 16. L'IMPUTABILITÀ

In base all'art. 85 è *imputabile* chi, al momento della commissione del fatto aveva la capacità di *intendere* e di *volere*.

-la capacità di **intendere** è la capacità di rendersi conto del valore sociale dell'atto che si compie;

-la capacità di **volere** è la facoltà di volere quello che si giudica dover fare.

Nei rapporti fra imputabilità e colpevolezza va stabilito se l'una sia presupposto dell'altra.

Alcune cause escludono l'imputabilità; essa può essere esclusa o diminuita nei casi espressamente disciplinati dagli art. 88 e ss. e si distinguono in:

-condizioni di natura fisiologica (*età*);

-condizioni di natura psicologica dipendenti da infermità mentali o anomalie;

-condizioni di natura tossica (*alcool-stupefacenti*).

LA **MINORE ETÀ**

La minore età esclude o diminuisce l'imputabilità; si distingue:

-meno di 14 anni compiuti: vige la presunzione assoluta di assenza di capacità di intendere e di volere (art. 97);

-tra i 14 e 18 anni è il giudice che deve accertare caso per caso l'imputabilità del soggetto (art 98).

Il minore non imputabile viene **prosciolto**, cioè non sottoposto a pena ma se ritenuto socialmente pericoloso si applica la misura del ricovero in **riformatorio** giudiziario o la libertà vigilata; il minore imputabile è sottoposto a processo penale per il fatto commesso ed assoggettato alla pena che però è *attenuata*.

L' **INFERMITÀ DI MENTE**

Come si evince dagli art. 88 e 89 l'**infermità di mente** deve essere la conseguenza di una malattia ossia di uno stato patologico che turba la psiche del soggetto e che inficia, escludendola o scemandola, la capacità di intendere e di volere.

Va sottolineato come la "pazzia morale" e i disturbi nevrotico-ossessivi **non** escludano la capacità di intendere e di volere.

§ 17. LE CAUSE OGGETTIVE DI ESCLUSIONE DEL REATO

Le cause *oggettive* di esclusione del reato (o scriminanti o di giustificazione) rappresentano quelle circostanze particolari (legittima difesa, stato di necessità) per le quali un fatto normalmente ritenuto reato non viene considerato tale.

IL CONSENSO DELL'AVENTE DIRITTO

Non è punibile chi lede o pone in pericolo un diritto, con il **consenso** della persona che può validamente disporne. Così statuendo, l'art. 50 cp codifica la tradizionale regola del *volenti non fit iniuria*.

Mentre secondo parte della dottrina il fondamento di questa scriminante dovrebbe rinvenirsi nella rinuncia alla tutela del bene da parte del suo titolare (in tal senso MANTOVANI ed **ANTOLISEI**), secondo altri si tratterebbe invece, come per le altre cause di giustificazione, di una situazione di conflitto di interessi – quello di cui è portatore l'autore del fatto e l'altro tutelato dalla norma incriminatrice – risolto a favore del primo per garantire la libertà di autodeterminazione dell'avente diritto (cfr **PADOVANI**).

Si pongono in materia tre ordini di problemi, concernenti:

-la *natura*; circa la controversa natura giuridica, il consenso non è un negozio né di diritto penale né di diritto privato, ma, come ormai si riconosce, è un mero atto giuridico, un permesso con cui si conferisce al destinatario un potere di agire, senza che si crei alcun rapporto di diritti e obblighi e che ha come unico effetto di escluderne l'illiceità per il semplice abbandono del proprio interesse ed accettazione del fatto.

-i *limiti*; circa i limiti, il consenso deve avere per oggetto: a) un diritto, comunemente inteso nel senso lato di qualsiasi bene, tutelato dalla norma penale; b) deve trattarsi di diritto disponibile. Tale ultimo limite si spiega agevolmente sulla base della ratio dell'istituto, ricordando che l'interesse alla repressione è destinato a venir meno soltanto se il consenso ha ad oggetto beni di pertinenza esclusiva del privato che ne è titolare (cfr **FIANDACA-MUSCO**). *Indisponibili* sono i beni facenti capo allo Stato, alla collettività non personificata o alla famiglia. Circa i beni, facenti capo i singoli, incontestabilmente disponibili sono i diritti patrimoniali. Nella più controversa categoria dei diritti personalissimi, assolutamente indisponibile è la *vita*.

-la *validità del consenso*; quanto alla validità del consenso, occorre, innanzitutto, che chi consente sia legittimato a consentire. Tale è il titolare, persona fisica o giuridica, dell'interesse protetto dalla norma perché, altrimenti, sarebbe soggetto passivo del reato.

Il consenso deve essere *effettivo*, non espresso cioè per scherzo, simulazione, riserva mentale; *libero*, cioè non viziato da violenza, errore, dolo; *attuale*, cioè preesistente al momento del fatto, e perdurante per tutta la durata di questo; determinato. E scrimina nei limiti in cui è concesso, potendo il soggetto delimitarne l'oggetto e l'ambito, porre termini, condizioni e modalità di lesione del bene. Non è richiesta, invece, alcuna particolare forma, essendo sufficiente che la volontà sia riconoscibile dall'esterno. Può essere, perciò, non solo espresso, ma anche tacito.

Dal consenso tacito, che è effettivamente esistente, vanno distinti il consenso *putativo* ed il consenso *presunto*. Si parla di consenso putativo quando colui che agisce ritiene, per errore, sussistente il consenso della persona offesa. In tal caso difetta il dolo per cui, se l'errore non dipende da colpa, l'agente andrà esente da responsabilità; se invece l'errore è colposo risponderà di delitto colposo ove il fatto sia punibile anche a tale titolo. Si ha invece consenso presunto, secondo la teoria oggettiva, quando colui che agisce sa che non vi è il consenso ma compie ugualmente l'atto perché gli appare vantaggioso per l'avente diritto. Secondo la teoria soggettiva, invece, il consenso presunto ricorre quando l'avente diritto non abbia potuto esprimere il consenso ma può ritenersi che lo avrebbe prestato ove avesse potuto conoscere il fatto e pronunciarsi in relazione ad esso.

LA LEGITTIMA DIFESA

Molto controversa, anche alla luce dei sempre piu numerosi casi che la cronaca degli ultimi anni ci propone, è la normativa che riguarda la **legittima difesa**: essa è prevista dall'art. 52 che recita: "non è punibile chi ha commesso il fatto *per esservi stato costretto* dalla necessità di *difendere un diritto proprio o altrui* contro il pericolo..."; subito si rileva che la legittima consta di due elementi : l'*aggressione* e la *reazione*.

L'aggressione deve presentare i seguenti caratteri:

-oggetto dell'offesa deve essere un diritto inteso non solo come diritto soggettivo in senso stretto ma anche come interesse patrimoniale (e tale evenienza si può estendere anche a terzi per la difesa del diritto altrui). E quindi:

-l'offesa deve essere ingiusta;

-il pericolo deve essere *attuale* e non deve essere stato determinato dall'agente volontariamente.

La reazione invece consta di tre elementi:

-la *costrizione*, che rappresenta l'elemento essenziale della legittima difesa e implica un conflitto di interessi nell'aggredito che non può ricorrere a valide alternative (es. la fuga);

-la *necessità* di difendersi, che implica che la reazione rappresenti la soluzione *inevitabile* per sottrarsi all'azione e che deve essere idonea a neutralizzarla;

-la *proporzione* con l'offesa, che sussiste solo se il male provocato dall'aggredito è *uguale, minore* o *accettabilmente superiore* a quello subito.

Proprio la parte riguardante la proporzione con l'offesa subita è quella che, a seguito delle pressioni di cui sopra, ha indotto il legislatore attuale ad un ripensamento del concetto generale di legittima difesa.

In particolare la legge recante "Modifiche al codice penale e altre disposizioni in materia di legittima difesa", approvata dal Senato il 28 marzo 2019, ha non solo introdotto rilevanti novità in tema di legittima difesa *limitatamente all'ambito del proprio domicilio*, ma ha prodotto un inasprimento delle pene relative ai reati ad essa collegati (violazione di domicilio, furto in abitazione, rapina).

La riforma, dunque, agisce su tre distinti versanti:

-esclusione della responsabilità penale: cambiano sia l'art. 52 (viene estesa l'area della legittima difesa domiciliare come causa di giustificazione del fatto), sia l'art. 55 cp (si incide sulla disciplina dell'eccesso nelle cause di giustificazione) dando così vita ad un'ipotesi in cui l'eccesso colposo nella legittima difesa domiciliare non è colpevole perché scusato in ragione delle particolari circostanze.

-esclusione/limitazione della responsabilità civile;

-alleggerimento del peso del procedimento penale, che, però, resta inevitabile.

LO STATO DI NECESSITÀ

Lo **stato di necessità** è invece previsto dall'art. 54: "non è punibile chi ha commesso il fatto per esservi *stato costretto dalla* **necessità** *di salvare sé o gli altri* dal pericolo di un danno grave alla persona..." (l'esempio classico che si fa in dottrina è quello dell'alpinista che taglia la corda del compagno che ha perso la presa e che rischia, cadendo, di trascinarlo con sé).

Lo stato di necessità ha molte analogie con la legittima difesa ma vi differisce per:

-l'azione è rivolta ad un terzo che *non ha aggredito*;

-si è di fronte ad un possibile danno grave alla **persona** (e **non** anche al patrimonio).

§ 18. IL DELITTO DOLOSO DI AZIONE

Ai sensi dell'art. 42, "nessuno può essere punito per un fatto se non lo ha commesso *con dolo*" cioè con *coscienza e volontà*, diretta alla realizzazione dell'evento e legata a questo, come detto in precedenza, dal nesso di causalità; l'elemento soggettivo del delitto che è previsto e voluto dall'agente prende il nome, appunto, di "**dolo**".

Gli elementi costitutivi del dolo sono quindi :

-il *momento rappresentativo* in cui l'agente ha la visione anticipata di tutti gli elementi significativi del fatto;
-il *momento volitivo* in cui l'agente rivolge la sua volontà alla realizzazione del fatto; quindi il dolo può definirsi come rappresentazione e volontà di realizzare il fatto costituente reato.
-il *movente,* che è il motivo per cui il soggetto compie il fatto.

§ 19. IL DELITTO COLPOSO DI AZIONE

Ai sensi dell'art. 43 c.p il delitto "è *colposo,* o **contro** l'intenzione, quando l'evento non è voluto dall'agente e si verifica a causa della sua negligenza o imprudenza o imperizia, ovvero, per inosservanza di leggi, regolamenti, ordini o discipline".
Per la sussistenza del reato colposo occorre dunque:
-che la condotta sia attribuibile al volere del soggetto;
-che manchi la volontà dell'evento;
-che il fatto sia dovuto a imprudenza, imperizia, negligenza o a inosservanza di leggi, regolamenti, ordini o discipline.

LA CONDOTTA NEL DELITTO COLPOSO DI AZIONE

Come visto, elemento rilevante nel reato colposo è la *condotta* che consiste nella violazione della regola di *normale diligenza* in cui la prevedibilità e la evitabilità del pericolo si evince dalla sua trasgressione.
La prevedibilità si riferisce alla migliore scienza ed esperienza a cui far ricorso; da ciò ne consegue, per l'agente, l'attenersi ad alcuni obblighi, in particolare: l'obbligo di informarsi, quello di agire con cautela, o quello di astenersi del tutto dall'agire.
Elementi della colpa sono:
-la *negligenza:* mancata adozione delle regole, trascuratezza, mancanza di attenzione e sollecitudine;
-l'*imprudenza*: è l'agire là dove le regole lo sconsigliano, è avventatezza, mancata ponderazione e indica una mancanza di considerazione per gli interessi altrui;
-l'*imperizia*: quale inosservanza della *leges artis*, si concretizza in un agire inadeguato;
Si parla invece di colpa *specifica* nel caso di inosservanza di regolamenti.

LE SPECIE DI COLPA

Una prima distinzione si fa tra colpa <u>cosciente</u> e colpa <u>incosciente</u>:
-la colpa *cosciente* o con previsione si verifica quando non si vuole commettere il reato ma si è consapevoli che la condotta da porre in essere è rischiosa: in pratica l'agente accetta deliberatamente il rischio della sua condotta;
-la colpa *incosciente* o senza previsione è invece quella classica riconducibile ad imprudenza, imperizia, negligenza o inosservanza, ma in assenza di consapevolezza che il proprio agire possa arrecare danno.
Ancora si distingue tra colpa propria e colpa impropria:
-la colpa *propria* si ha quando vi è mancanza di volontà dell'evento;
-la colpa *impropria* si ha invece quando l'evento è voluto (sono casi particolari, e controversi in dottrina, come l'**eccesso** di legittima difesa).

LA COLPA PROFESSIONALE

È una branchia della complessiva responsabilità civile, sanzionabile a livello economico-patrimoniale attraverso una pretesa risarcitoria, mediante richiesta di *risarcimento danni.*
La responsabilità **professionale** si configura prevalentemente sotto forma di responsabilità

contrattuale, ponendosi la responsabilità extracontrattuale quale marginale e residuale.

Molto dibattuto è il problema dell'applicabilità, anche nel diritto penale di tale cd colpa "professionale": ci si chiede in particolare se la condotta di un "professionista" (ossia di colui che, possedendo particolari competenze o specializzazioni, è individuato come tale) debba essere valutata secondo criteri generali o se trovi spazio, anche in sede penale, l'applicabilità dell'articolo 2236 del codice civile, per il quale il professionista è chiamato in causa solo per colpa *grave*.

Investita della questione, nel 1973 la corte costituzionale (con sentenza n° 166) ritenne sussistere una limitazione di responsabilità per la sola colpa per imperizia mentre per le altre fattispecie (imprudenza e negligenza), fosse da adoperarsi la normale severità.

A tale orientamento, negli anni successivi, si adeguarono diverse sentenze della Cassazione.

§ 20. L'EVENTO E IL NESSO DI CAUSALITÀ

Come anticipato, ai fini della responsabilità colposa vi è la necessità dell'accertamento dell'esistenza di un __rapporto di causalità__ tra *condotta* ed *evento*.

Nel nostro ordinamento non esiste una vera dfinizione di "causalità" in quanto non determinabile in astratto, ma legata sempre al contesto di riferimento.

Nel corso degli anni si sono succedute varie teorie sull'accertamento della causalità.

Tra le prime vi è senz'altro la teoria *condizionalistica* (o della causalità naturale o della condicio sine qua non, elaborata nel diciannovesimo secolo), secondo la quale una condotta è causa di un evento se è una delle condizioni senza la quale l'evento non si sarebbe verificato, ossia è condizione necessaria e sufficiente per la produzione dell'evento. L'interprete dovrà verificare, attraverso un giudizio di eliminazione mentale *ex post* se, eliminando la condotta, l'evento si sarebbe o meno verificato. La teoria incontrò diversi limiti, tra cui quello legato ad un celebre paradosso (far risalire, a ritroso nella ricerca della causa, l'omicidio ai genitori dell'omicida, i quali, procreandolo, avrebbero creato una condizione indispensabile dell'evento).

Dopo il susseguirsi di altre teorie sempre superate dai casi concreti, in tempi più recenti si è affermata, a partire dalla nota sentenza sul disastro di Stava del 6 dicembre 1990, la teoria della "causalità scientifica", la quale considera causa di un evento quella condotta senza la quale l'evento non si sarebbe verificato con certezza o elevata probabilità. In pratica tale sentenza, ha stabilito che il nesso causale deve essere sussunto sotto leggi scientifiche di copertura.

Occorre però distinguere tra probabilità statistica e probabilità logica. La probabilità statistica (o frequentista o empirica) ricorre quando il giudice utilizza solo leggi statistiche, affermando che ad un evento segue un altro evento in una data percentuale di casi, mentre la probabilità logica richiede in più che la legge di copertura sia logicamente credibile.

A porre fine (al momento) alla questione è stata la ormai celebre sentenza FRANZESE (dal nome dell'imputato), vertente sulla responsabilità medica; la Corte di Cassazione, nel 2002, ha ivi stabilito che "non è sufficiente la sola probabilità statistica e soprattutto, non è consentito dedurre automaticamente da coefficienti statistici seppur elevati la conferma dell'ipotesi accusatoria sull'esistenza del nesso causale, in quanto il giudice deve verificare la validità del caso concreto, sulla base delle circostanze di fatto e dell'evidenza disponibile, di modo che, escludendo l'interferenza di fattori alternativi, risulti giustificata e processualmente certa la conclusione che la condotta (nel caso, omissiva del medico) è stata condizione necessaria dell'evento con *alto grado di credibilità razionale* o probabilità logica".

In altri termini Il nesso causale è allora sussistente solo laddove si accerti che, ipotizzandosi come avvenuta l'azione (*omessa*) che sarebbe stata doverosa, ed esclusa l'interferenza di fattori causali alternativi, l'evento, con elevato grado di credibilità razionale, non avrebbe avuto luogo ovvero avrebbe avuto luogo ma con modalità diverse, in epoca significativamente posteriore o con minore intensità lesiva.

§ 21. IL DELITTO PRETERINTENZIONALE

Ai sensi dell' art. 43 comma 2 cp un delitto è *preterintenzionale* o contro l'intenzione, quando dall'azione o dall'omissione deriva in evento dannoso *più grave* di quello voluto; in particolare, nel delitto preterintenzionale si individua una volontà nell'evento minore che ne rappresenta la base dolosa e la *non volontà* di un evento più grave di quello voluto.

In tali casi sarà importante accertare la sussistenza del nesso di causalità fra l'evento più grave e la condotta diretta a ledere.

§ 22. IL DELITTO TENTATO

L'art. 56 comma 1 stabilisce che chi compie *atti idonei* diretti a commettere un delitto, se l'azione non si compie o l'evento non si verifica, risponde comunque di delitto **tentato**; quindi se il soggetto agente vuole commettere un reato e si attiva in tal senso senza realizzare il crimine per cause non dipendenti dalla sua volontà allora ricorre il delitto tentato.

Sul piano normativo il tentativo è un titolo autonomo di reato perché ne ha tutti gli elementi: quello soggettivo, quello oggettivo e l'antigiuridicità.

L'incompiutezza del fatto tipico può esplicarsi in **due** forme:

-azione non portata a termine (azione che non si compie);

-evento che non si verifica.

§ 23. LA PENA

È l'argomento che più di ogni altro accende da secoli il dibattito dottrinario; senza entrare nel merito di considerazioni che è impensabile affrontare in poche righe, qui ci basterà sapere che la pena è la *sanzione* che consegue alla violazione di un precetto penale e si può definire come la "privazione di un bene individuale comminata dalla legge penale e irrogata dall' autorità giudiziaria mediante processo a colui che viola un comando della legge medesima". Tra le sue funzioni, quella di prevenzione generale, di intimidazione, di retribuzione ed emenda; ma fine ultimo di essa deve (*dovrebbe*) essere quello della **<u>rieducazione</u>** del condannato.

CAPO **II**

LE CIRCOSTANZE DEL REATO

§ 1. IL REATO CIRCOSTANZIATO

Il reato può assumere aspetti particolari, che pur se non essenziali per la sua esistenza danno luogo, però, a **conseguenze** giuridiche diverse. Tali differenti modi di atteggiarsi vengono trattati in quel capitolo della teoria generale del reato che ormai va sotto il nome di "forme di **manifestazione**" del reato.

Fra tali forme eventuali vengono comunemente comprese: il reato *circostanziato*; il reato *tentato*; il *concorso* di reati; il *concorso di persone* nel reato.

Le circostanze sono elementi accidentali, accessori, del reato. Come tali non sono necessari per la sua esistenza ma incidono sulla sua gravità o rilevano come indice della capacità a delinquere del soggetto, comportante una modificazione, quantitativa e qualitativa, della pena. La loro presenza trasforma il reato semplice in reato circostanziato, aggravato o attenuato.

Il nostro diritto resta fondamentalmente ancorato al duplice principio della tassatività delle circostanze e della obbligatorietà della loro applicazione. Il principio di tassatività subisce taluni temperamenti, più accentuati nelle leggi speciali che rappresentano delle aperture verso i valori concreti del fatto. Accanto ad un vasto sistema di circostanze definite che sono espressamente individuate dalla legge nei loro specifici elementi costitutivi, sono previste anche circostanze indefinite la cui individuazione è rimessa, in maggiore o minore misura, alla discrezionalità del giudice.

Il principio dell'obbligatorietà, enunciato dallo stesso articolo 59, comma 1, cp vale per ogni tipo di circostanza, definita o indefinita.

Circa gli effetti, le circostanze, oltre alla modificazione della pena, determinano gli ulteriori effetti di rilevanza edittale, concernenti principalmente la prescrizione del reato, la procedibilità, la competenza, le misure cautelari personali e dell'arresto.

§ 2. L'INDIVIDUAZIONE DELLE CIRCOSTANZE

Problema primario è stabilire quand'è che un elemento deve considerarsi *costitutivo* del reato o circostanziante e, pertanto, se si abbia un reato autonomo o un reato circostanziato. Premesso che il problema non si pone per le circostanze estrinseche, nella maggior parte dei casi è la stessa legge ad indicare, nella rubrica o con le formule d'uso, che si tratta di una circostanza, pur se non può sempre attribuirsi alla nomenclatura legislativa un valore decisivo. Il criterio distintivo generale, che per la sua intrinseca razionalità dovrebbe essere scrupolosamente seguito anche dal legislatore, va desunto dalla *diversa funzione* degli elementi costitutivi e degli elementi circostanzianti. Poiché i primi caratterizzano un tipo di reato ed i secondi non immutano tale tipo di reato, ma ne graduano soltanto la gravità, possono costituire circostanze solo gli elementi specializzanti di corrispondenti elementi della fattispecie incriminatrice semplice.

Al contrario, non potrà mai costituire circostanza l'elemento che, anziché specificare, si **sostituisca** al corrispondente elemento o si aggiunga agli elementi di altra fattispecie.

Il criterio esposto ha il duplice merito:

di riportare tutta una serie di ipotesi, oggi considerate specie dalla giurisprudenza come aggravanti, nel campo della piena colpevolezza;

-di precludere, tanto più di fronte all'attuale crisi del valore della vita e integrità fisica, l'assurdo logico e giuridico che le lesioni, ancor più se gravi o gravissime, e la morte possano essere bilanciate con circostanze attenuanti del tutto eterogenee ed essere, addirittura, dichiarate soccombenti, con conseguente applicazione della pena nei limiti del reato base.

§ 3. LA CLASSIFICAZIONE DELLE CIRCOSTANZE

Le circostanze si distinguono, oltre che in **definite** e **indefinite** ed in **obbligatorie** e **facoltative**, come già visto, in:

-*comuni* e *speciali*, a seconda che siano previste per un numero indeterminato di reati, cioè per tutti reati con cui non siano incompatibili, oppure per uno più reati determinati;

-*aggravanti* e *attenuanti*, a seconda che comportino un inasprimento od una attenuazione della pena prevista per il reato semplice;

-ad *efficacia comune* e ad *efficacia speciale*, a seconda che la legge stabilisca la misura della pena in modo dipendente (cioè, frazionario) dalla pena ordinaria del reato oppure stabilisca tale misura in modo indipendente o una pena di specie diversa;

-*oggettive* e *soggettive*: distinzione posta dall'articolo 70 e di particolare importanza nel concorso di persone ai fini della comunicabilità delle circostanze ai concorrenti secondo l'originaria disciplina dell'articolo 118, ma pressoché privata di ogni pratica rilevanza dopo la riforma di tale articolo, nonché dell'estensibilità dell'impugnazione.

Sono *oggettive* quelle che riguardano:

1)la **natura**, la specie, i mezzi, l'oggetto, il tempo, il luogo ed ogni altra modalità dell'azione;

2)la **gravità** del danno o del pericolo;

3)le **condizioni** o le qualità personali dell'offeso.

Sono *soggettive* quelle che riguardano:

-le condizioni o le qualità personali del colpevole;

-l'intensità del dolo o il grado della colpa;

-i rapporti tra colpevole offeso.

Così pure quelle inerenti la persona del colpevole.

Si possono ancora distinguere le circostanze in *antecedenti, concomitanti* e *susseguenti*. Inoltre, sono dette *intrinseche* le circostanze che attengono alla condotta o ad altri elementi del fatto tipico; *estrinseche* quelle che sono estranee all'esecuzione e consumazione del reato, consistendo in fatti successivi, e che attengono più strettamente alla capacità a delinquere.

Al di fuori di ogni tipizzazione si collocano le circostanze **generiche**, previste dall'art. 62 *bis* cp che, proprio perché applicate in assenza di una loro preventiva descrizione legislativa, hanno l'effetto di attenuare la pena.

La concessione delle attenuanti generiche è rimessa al "prudente apprezzamento" del giudice che può riconoscerle anche a prescindere dalla ricorrenza delle condizioni per l'applicazione delle circostanze attenuanti tipiche (sul punto v. anche *infra* § 6).

§ 4. LE AGGRAVANTI COMUNI

Il codice del 1930, a differenza di altri codici e della precedente legislazione, prevede non solo attenuanti comuni e speciali e aggravanti speciali, ma anche **aggravanti comuni**.

Si definiscono "aggravanti" quelle circostanze il cui effetto è quello di comportare un **aumento** della sanzione edittale prevista per un singolo reato. L'art. 61 cp ne prevede **undici**:

-l'avere agito per motivi abietti o futili (circostanza soggettiva): è abietto il motivo ripugnante o spregevole, tale da suscitare un profondo senso di ripugnanza e di disprezzo in ogni persona di media moralità; è futile quello del tutto sproporzionato alla entità del reato commesso. Si tratta di una circostanza soggettiva che, concernendo i motivi a delinquere, non è comunicabile agli altri compartecipi, secondo quanto previsto dal nuovo art. 118 cp;

-l'aver commesso il reato per eseguirne od occultarne un altro, ovvero per conseguire o assicurare a sé o ad altri il prodotto o il profitto o il prezzo ovvero la impunità di un altro reato (circostanza soggettiva): come ad esempio l'omicidio compiuto per derubare la vittima, l'uccisione del complice per non dividere il bottino, la distruzione del cadavere dell'ucciso o l'uccisione del testimone. L'aggravante ha natura soggettiva e la sua funzione è quella di punire la più spiccata personalità criminale dell'agente che, pur di realizzare il reato fine, accetta la commissione in via strumentale di un altro reato. Per la sua sussistenza è necessario accertare che la volontà dell'agente, al momento della commissione del reato – mezzo era diretta al fine di commettere od occultarne un altro, ovvero per conseguire od assicurare a sé o ad altri il profitto;

-l'avere, nei delitti colposi, agito nonostante la previsione dell'evento (circostanza soggettiva): questa circostanza ricorre quando l'evento, non voluto né considerato di sicuro accadimento, si presenti come altamente possibile e probabile in riferimento alla condotta posta in essere. La **previsione** dell'evento rappresenta il fatto differenziante con il dolo eventuale, in presenza del quale l'accadimento lesivo si propone quale conseguenza altamente probabile della propria condotta e si agisce accettando il rischio della sua realizzazione;

-l'avere adoperato sevizie, o l'aver agito con crudeltà verso le persone (circostanza soggettiva): **sevizia** è l'inflizione di una sofferenza atroce di natura fisica; crudeltà è l'inflizione di un patimento morale che rileva parimenti la mancanza di sentimenti umanitari;

-l'avere profittato di circostanze di tempo, di luogo o di persona tali da ostacolare la pubblica o privata difesa (circostanza oggettiva): come in caso di calamità naturale per i fenomeni, purtroppo sempre attuali, di *sciacallaggio*;

-l'avere il colpevole commesso il reato durante il tempo, in cui si è sottratto volontariamente alla esecuzione di un mandato o di un ordine di arresto o di cattura o di carcerazione spedito per un precedente reato (circostanza soggettiva): la ratio dell'aggravamento si rinviene nella maggiore pericolosità o disinteresse al rispetto della legge dimostrata da chi volontariamente si sottrae all'esecuzione di un provvedimento restrittivo dell'autorità giudiziaria;

-l'avere, nei delitti contro il patrimonio o che comunque offendono il patrimonio, ovvero nei delitti determinati da motivi di lucro, cagionato alla persona offesa dal reato un *danno patrimoniale di rilevante gravità* (circostanza oggettiva): pur se inserita tra le aggravanti comuni, la circostanza in parola è applicabile ai soli delitti contro il patrimonio, sia che esso rappresenti l'unico oggetto di tutela della norma penale o concorra con beni di natura diversa (nel caso dei reati *plurioffensivi*);

-l'avere aggravato o tentato di aggravare le conseguenze del delitto commesso (circostanza soggettiva): oggetto di considerazione della norma sono quei comportamenti che aumentano gli effetti lesivi del delitto;

-l'avere commesso il fatto con *abuso* dei poteri, o con violazione dei doveri inerenti a una pubblica funzione o a un pubblico servizio, ovvero alla qualità di ministro di un culto (circostanza **soggettiva**): la circostanza di natura soggettiva si concreta nell'uso illegittimo delle potestà inerenti al servizio o all'ufficio pubblico o nell'omissione dei doveri relativi, a vantaggio di una attività criminosa e non ha rilievo alcuno che il colpevole agisca al di fuori delle proprie mansioni;

-l'avere commesso il fatto *contro* un pubblico ufficiale (357 cp) o una persona incaricata di un pubblico servizio, o rivestita della qualità di ministro del culto cattolico o di un culto ammesso nello Stato, ovvero contro un agente diplomatico o consolare di uno Stato estero, nell'atto o a causa dell'adempimento delle funzioni o del servizio (circostanza oggettiva): in questo caso la qualità soggettiva è rivestita non dall'agente ma dalla vittima del reato;

-l'avere commesso il fatto con *abuso di autorità* o di relazioni domestiche, ovvero con abuso di relazioni di ufficio, di prestazione d'opera, di coabitazione, o di ospitalità (circostanza soggettiva): la circostanza trova applicazione quando vi sia stato un uso illegittimo ed arbitrario della particolare relazione prevista dalla legge. L'aggravante opera solo con riguardo ai delitti dolosi.

§ 5. LE ATTENUANTI COMUNI

Attenuano il reato comportando una diminuzione **fino ad un terzo** della persona edittale del reato, quando non ne sono elementi costitutivi o circostanze attenuanti speciali, le circostanze seguenti, tutte previste dall'art. 62 cp:

-l'avere agito per *motivi di particolare valore morale o sociale*: ai fini del riconoscimento dell'attenuante soggettiva in parola, i particolari motivi morali e sociali sono quelli che traggono origine da valori avvertiti dalla prevalente coscienza collettiva e che non si identificano con quelli radicati nel ristretto ambiente di alcuni stati sociali o in particolari aree geografiche;

-l'aver reagito in stato di *ira*, determinato da un fatto ingiusto altrui: la circostanza si compone di due elementi, uno oggettivo, costituito dal fatto ingiusto della vittima ed uno soggettivo, costituito dalla stato d'ira, inteso come eccitazione psichica casualmente collegata al fatto ingiusto (che deve realmente sussistere) del soggetto passivo del reato;

-l'avere agito per *suggestione di una folla in tumulto*, quando non si tratta di riunioni o assembramenti vietati dalla legge o dall'autorità, e il colpevole non è delinquente o contravventore abituale o professionale, o delinquente per tendenza: per la configurabilità dell'attenuante sono richiesti l'esistenza di un tumulto (alla cui provocazione non abbia contribuito l'agente) ed uno stretto nesso di causalità tra l'azione criminosa e la suggestione della folla, nel senso che la prima sia effetto della seconda;

-l'avere, nei delitti contro il patrimonio, o che comunque offendono il patrimonio, cagionato alla persona offesa dal reato un danno patrimoniale di *speciale tenuità* ovvero, nei delitti determinati da motivi di lucro, l'avere agito per conseguire o l'avere comunque conseguito un lucro di speciale tenuità, quando anche l'evento dannoso e pericoloso sia di speciale tenuità: è di speciale tenuità il danno di rilevanza minima, che va apprezzata dal punto di vista obiettivo, considerando il valore complessivo del pregiudizio arrecato con l'azione criminosa;

-l'essere concorso a determinare l'evento, insieme con l'azione o l'omissione del colpevole, il fatto doloso della persona offesa: poiché possa operare questa attenuante, di natura oggettiva, è necessario che il fatto della persona offesa si ponga come vera e propria concausa e sia inoltre doloso, cioè animato dall'intenzione di cagionare l'evento;

-l'avere, prima del giudizio, riparato interamente il danno, mediante il risarcimento di esso, e, quando sia possibile, mediante le restituzioni; o l'essersi, prima del giudizio e fuori del caso preveduto nell'ultimo capoverso dell'articolo 56, adoperato *spontaneamente* ed *efficacemente* per elidere o attenuare le conseguenze dannose o pericolose del reato: sotto questa espressione generica si racchiudono due circostanze attenuanti. La prima, generalmente denominata *riparazione del danno*, sussiste allorquando il reo provveda, cumulativamente, alla restituzione ed al risarcimento. La riparazione deve essere *effettiva, integrale* e *volontaria* e va accertata dal giudice di merito senza che sia sufficiente la dichiarazione della persona offesa di essere stata integralmente risarcita dei danni.

La seconda attenuante consiste nella **elisione** od **attenuazione** delle conseguenze del reato. Ai fini dell'applicazione dell'attenuante è necessario che il ravvedimento sia, oltre che spontaneo, anche efficace, nel senso che deve aver conseguito il risultato dell'elisione o, quanto meno, dell'attenuazione delle conseguenze dannose o pericolose del reato. L'attenuante in parola non è applicabile ai reati contro il patrimonio o che comunque offendano il patrimonio.

Il recente <u>D.Lgs. 150/2022</u> (cd Riforma **CARTABIA**) ha introdotto (art. 62, c 1, n. 6 cp) la previsione secondo la quale rientra tra le circostanze attenuanti comuni anche "l'avere partecipato a un **programma di giustizia riparativa** con la vittima del reato, concluso con un esito riparativo. Qualora l'esito riparativo comporti l'assunzione da parte dell'imputato di impegni comportamentali, la circostanza è valutata solo quando gli impegni sono stati **rispettati**" (art. 1).

§ 6. LE ATTENUANTI GENERICHE

Ai sensi dell'art. 62 *bis* "il giudice, indipendentemente dalle circostanze prevedute nell'articolo 62, può prendere in considerazione **altre** circostanze diverse, qualora le ritenga tali da giustificare una diminuzione della pena. Esse sono considerate in ogni caso, ai fini dell'applicazione di questo capo, come una sola circostanza, la quale può anche concorrere con una o più delle circostanze indicate nel predetto articolo 62".

La valutazione sulla ricorrenza delle condizioni per la loro concessione è rimessa al giudice che, a tal fine, potrà sia prendere in considerazione singoli profili dell'azione criminosa che rimangono fuori dala previsione dell'art. 62, od anche aspetti della personalità del reo (incensuratezza, confessione), sia ritenere che la condotta globalmente considerata renda necessario un ulteriore adeguamento (in **diminuzione**) della pena irrogata al fatto di reato, non essendo tale risultato raggiungibile nemmeno con l'applicazione della sanzione nel suo minimo edittale.

Per la giurisprudenza e buona parte della dottrina i criteri di massima, cui il giudice deve attenersi, sono quelli indicati dall'articolo 133 cp, che detta appunto le regole generali per l'uso del potere discrezionale del giudice nella determinazione concreta della pena. Per la dottrina, invece, in sede di commisurazione della pena ex art. 133 cp non potrà tenersi conto di un elemento che già sia stato valutato ai fini della concessione delle circostanze attenuanti generiche. Queste ultime, ponendosi in rapporto di specialità con i criteri di cui all'art. 133 cp ne delimiterebbero l'operatività agli altri elementi che non siano rilevanti per la concessione delle attenuanti. Altra dottrina infine preferisce attribuire all'art. 62 *bis* una funzione del tutto autonoma ce consiste nel permettere al giudice di cogliere un valore positivo del fatto, nuovo o diverso rispetto ai valori espressamente presi in considerazione dall'art. 62 con l'effetto di inquadrare le attenuanti generiche nel novero delle circostanze in senso tecnico rendendole, perciò, applicabili anche laddove la pena irrogata sia superiore al minimo, il reato sia grave ed il colpevole non risulti incensurato.

§ 7. LE CAUSE DI ESTINZIONE DEL REATO E DELLA PENA

Tra le altre cause che escludono la punibilità ci sono le cause di **estinzione** del **reato** e quelle di estinzione della **pena**.

Le cause di <u>estinzione del **REATO**</u> si distinguono in *generali* (riferibili cioè a tutte le fattispecie di reato) o *speciali* (riferibili cioè a particolari ed individuate fattispecie di reato) e sono:

-la **MORTE** del **REO** intervenuta prima della condanna, che estingue tutte le pene, principali ed accesorie, mentre restano in piedi le eventuali obbligazioni civili derivanti dal reato (es risarcimento dei danni);

-l'**AMNISTIA**, provvedimento di clemenza a carattere generale con cui lo stato rinuncia all'applicazione della pena. Può essere propria o impropria, a secondo che intervenga durante lo svolgimento del processo o dopo l'intervenuta condanna. In tal caso estingue la condanna e le pene accessorie anche se permangono altri effetti della stessa (la condanna ad esempio costituirà comunque titolo per la dichiarazione di abitualità o per escludere il beneficio della sospensione condizionale).

L'applicazione dell'amnistia, che può essere sottoposta a condizioni od obblighi, è sempre subordinata alla richiesta dell'imputato, che potrebbe scegliere di rinunciarvi, per ottenere in giudizio un'eventuale assoluzione;

-la **PRESCRIZIONE** del reato, ossia il decorso di un determinato lasso di tempo senza che intervenga la pronunciazione di una sentenza irrevocabile di condanna; lo Stato rinuncia così all'applicazione di una sanzione punitiva essendo decorso troppo tempo dalla commissione del reato; sono imprescrittibili tutti i reati per cui è prevista la pena dell'ergastolo.

-il **PERDONO GIUDIZIALE**, ossia la rinuncia dello Stato all'applicazione di una pena in considerazione dell'età del reo (*minore*) e della lieve entità del reato contestato.

-la **MESSA ALLA PROVA**: la legge n. 67 del 28 aprile 2014- artt. 168 *bis*, 168 *ter*, 168 *quater*, art. 657 *bis* cp, ha introdotto l'istituto del cd *probation* (di derivazione anglosassone) anche per i **maggiorenni.** L'istituto, salutato con favore all'atto della sua introduzione, appare oggi incisivamente modificato dalla già citata **riforma Cartabia** lungo **due** direttrici: l'ampliamento del catalogo dei reati per i quali esso è ammesso; e l'espansione dei poteri del Pubblico Ministero.

Il riformato art. 168 *bis* cp prevede che la messa alla prova possa essere richiesta non solo per i reati puniti **entro il massimo edittale di quattro anni** di pena detentiva (termine immutato) ma anche "per i delitti indicati dal comma 2 dell'articolo 550 del codice di procedura penale", articolo a sua volta profondamente rivisto ed ampliato.

Sono dunque oggi estinguibili mediante messa alla prova, ad es, i delitti di violenza o minaccia e resistenza a pubblico ufficiale (artt. 336-337 cp), l'istigazione a delinquere (art. 414 cp), alcune fattispecie di contraffazione e di false dichiarazioni (ex artt. 468, 495, 495 ter e 496 cp), le lesioni personali stradali gravi o gravissime (art. 590 *bis* cp), la truffa aggravata (art. 640 c. 2 cp), il fraudolento danneggiamento dei beni assicurati (642 cp).

Ciò non comporterà tuttavia l'automatica applicazione dell'istituto. Infatti, sull'intero processo grava l'immutato potere del giudice di valutare l'**idoneità** del programma e la futura astensione dell'imputato dalla commissione di altri reati (art. 464 quater cp). Appare lecito dunque attendersi un'introduzione graduale in settori distanti dal tradizionale ambito applicativo della messa alla prova.

Il neo-introdotto art. 464-ter dispone che "Il **pubblico ministero**, con l'avviso previsto dall'articolo 415 *bis*, **può proporre** alla persona sottoposta ad indagini la sospensione del procedimento con messa alla prova, indicando la durata e i contenuti essenziali del programma trattamentale [...] entro il termine di venti giorni, **la persona** sottoposta ad indagini **può aderire** alla proposta con dichiarazione resa personalmente o a mezzo di procuratore speciale, depositata presso la segreteria del pubblico ministero".

Si tratta di una previsione inedita, che attribuisce al PM un ruolo d'impulso nella scelta del rito deflattivo fin dalle indagini preliminari.

Tale ipotesi si distingue nettamente dalla già prevista (ed immutata) "sospensione del procedimento con messa alla prova nel corso delle indagini preliminari" (art. 464-ter cpp) per due ordini di ragioni:

-nella disciplina preesistente l'elaborazione del programma è, almeno teoricamente, **successiva** alla presentazione della richiesta. Nella nuova disciplina, al contrario, il PM indica **già nell'avviso** ex art. 415 *bis* cpp "la durata e i contenuti essenziali del programma trattamentale";

-la nuova disciplina, come detto, prevede l'**iniziativa** del Pubblico Ministero e l'**adesione** dell'indagato, laddove la prima richiede all'indagato di presentare la richiesta e al PM di prestare consenso scritto o dissenso, parimenti scritto e motivato.

Le ipotesi non sono alternative; e la loro coesistenza evidenzia ulteriormente il favor del legislatore per l'istituto. Anche all'esito di una richiesta respinta, il Pubblico Ministero potrebbe ritornare sui suoi passi, formulando la proposta di programma (ferma ad ogni modo la riproponibilità dell'originaria richiesta da parte dell'imputato prima dell'apertura del dibattimento di primo grado).

-l'**OBLAZIONE**. Limitatamente alle contravvenzioni, altra causa di estinzione del reato è l'oblazione (artt. 162, 162 *bis* cp) che consiste nel pagamento di una somma di denaro pari ad un terzo del massimo dell'ammenda prevista per le contravvenzioni punite dalla legge con l'ammenda , o pari alla metà del massimo per le contravvenzioni punite alternativamente con l'ammenda o l'arresto. Il pagamento della somma estingue il reato. La prima è obbligatoria, la seconda è facoltativa ed è rimessa dalla legge alla valutazione del giudice.

-la **SOSPENSIONE CONDIZIONALE** DELLA PENA (art. 163 cp), che può seguire una condanna a pena detentiva non superiore ai due anni, quando il giudice è convinto che l'imputato si asterrà dal commettere altri reati. La sospensione dura cinque anni se segue una condanna per delitto, due se segue una condanna per contravvenzione. Se il beneficiario si astiene dalla commissione di altri reati, quello commesso si estingue, in caso contrario, dovrà scontare entrambe le condanne (la vecchia e l'eventuale nuova).

LE CONDOTTE **RIPARATORIE**

Sono di qualche anno fa le modifiche al Codice Penale approvate dall'ex Governo **RENZI**. Tra queste l'introduzione dell'articolo 162 ter, che prevede l'estinzione del reato a seguito di **condotte riparatorie** entro il termine massimo dell'apertura del dibattimento di primo grado. Tali condotte sono di tipo **risarcitorio** del danno cagionato e di **eliminazione delle conseguenze dannose** derivanti dalle azioni illecite. Questo istituto si applica ai reati perseguibili a querela dell'offeso e a quelli di furto aggravato, introduzione di animali nel fondo altrui, e uccisione o danneggiamento di animale altrui.

Slitta invece al 30 giugno 2023 l'entrata in vigore delle norme, previste sempre dalla complessiva cd Riforma **CARTABIA**, sulla "giustizia riparativa" ossia "ogni **programma** che consente alla vittima del reato, alla persona indicata come autore dell'offesa e ad altri soggetti appartenenti alla comunità, di **partecipare** liberamente, in modo *consensuale*, *attivo* e *volontario*, **alla risoluzione delle questioni derivanti dal reato**, con l'aiuto di un terzo imparziale, adeguatamente formato, denominato **mediatore**" (art. 42, co. 1, lett. a).

Sono invece causa di estinzione della **PENA**:

-l'**INDULTO**, provvedimento di clemenza utilizzato periodicamente per sfoltire le carceri, che condona in tutto o in parte una pena, o la commuta in altra di specie diversa. È proprio se interviene a condanna già in fase di esecuzione, impropia se applicata dal giudice in fase di lettura della sentenza. L'indulto, a differenza dell'amnistia, non estingue nè il reato, nè le pene accessorie (a meno che non sia espressamente previsto dalla legge che la concede);

diversa dall'indulto è la **GRAZIA**, provvedimento di clemenza a carattere individuale, che estingue in parte o in tutto la pena, ma non gli altri effetti del reato (salvo diversa disposizione del provvedimento di clemenza).

-la **MORTE** DEL REO *dopo* la condanna, che ovviamente estingue la pena, ma non le obbligazioni civili nascenti dal reato.

Sospende, ed eventualmente, poi, estingue la pena:

-la **LIBERAZIONE CONDIZIONALE**, provvedimento applicabile ai condannati con pena definitiva che abbiano già scontato in carcere parte della pena, abbiano tenuto una buona condotta ed abbiano mostrato segni di ravvedimento. Con la liberazione condizionale, la pena viene **sospesa**, e, dopo un periodo di prova, può essere definitivamente cancellata dal giudice. Può essere concessa **anche agli ergastolani** che abbiano già trascorso 26 anni in carcere. Ovviamente se durante il periodo di prova, il condannato commette altri reati o non osserva le prescrizioni imposte, riprenderà a scontare per intero la sua pena.

Sono, infine, provvedimenti **atti a favorire** (ormai solo *teoricamente*, vista l'eternità della gogna mediatica della rete) **il reinserimento** del reo:

-la **RIABILITAZIONE** (art. 178 cp) che è concessa decorsi **tre anni** dal giorno in cui la pena principale è stata scontata (o si sia estinta per altre cause) ed il condannato abbia dato prova **effettiva** e **costante** di buona condotta e abbia adempiuto all'obbligo di pagamento delle spese processuali; gli anni **salgono ad otto per i recidivi** ex art 99 cp, **sono** infine **dieci** nel caso di delinquenti **abituali, professionali** o **per tendenza**. La riabilitazione non comporta la cancellazione definitiva dal casellario giudiziario dei reati commessi in passato, e non può essere concessa quando il condannato è stato sottoposto a misure di sicurezza o non abbia adempiuto le **obbligazioni civili** derivanti dal reato salvo che dimostri di trovarsi nell'impossibilità di adempierle. Per i reati contro la Pubblica Amministrazione, per effetto della novella del gennaio 2019, valgono **nuove disposizioni** circa l'estinzione delle pene accessorie a seguito di riabilitazione (sul punto v *infra* sui delitti contro la PA);

-la **NON MENZIONE** della condanna nel certificato del Casellario Giudiziario (art. 175 cp), a discrezione del giudice, in caso di prima condanna e per reato **non particolarmente grave** (massimo due anni di pena).

CAPO **III**

DEI DELITTI CONTRO LA PUBBLICA AMMINISTRAZIONE

§ 1. NOZIONI GENERALI

Il **titolo II del secondo libro** del codice contempla i *delitti* contro la Pubblica amministrazione.

Il concetto di Pubblica amministrazione **comprende tutta l'attività dello Stato**, che, con questa normativa, va a tutelare <u>ogni sua attività</u> legislativa e giudiziaria. Sono quindi delitti contro la pubblica Amministrazione tutti quelli che colpiscono l'*attività funzionale* dello Stato. I delitti che ci accingiamo ad analizzare sono distinti dal codice in **due** <u>classi</u>:

-delitti dei *pubblici ufficiali* contro la pubblica Amministrazione;

-delitti dei *privati* contro la pubblica Amministrazione.

Nei reati della **prima** classe l'offesa implica sempre una violazione dei *doveri funzionali* delle persone che esercitano **mansioni pubbliche**; nei delitti della **seconda** classe, invece, il turbamento è recato da individui che sono **estranei** all'attività funzionale colpita dall'azione criminosa.

Il capo primo e il capo terzo, ove compaiono le nozioni di **pubblico ufficiale** e **incaricato di pubblico servizio**, hanno subito notevoli modificazioni per effetto della legge 26 aprile 1990 n. 86. La riforma, che ha impegnato il parlamento per molto tempo, ha appunto ridefinito le nozioni di pubblico ufficiale e di incaricato di pubblico servizio (art. 357 e 358).

§ 2. I SOGGETTI INVESTITI DI MANSIONI DI INTERESSE PUBBLICO

Prima di esaminare le singole fattispecie delittuose, occorre soffermarci sulla descrizione delle varie figure rivestite da mansioni di pubblico interesse.

Il codice **ZANARDELLI** delineava unicamente la figura del pubblico ufficiale, stabilendo all'art. 207 che per gli effetti della legge penale sono considerati pubblici ufficiali:

-coloro che sono rivestiti di pubbliche funzioni, anche temporanee, stipendiate o gratuite, a servizio dello Stato, delle provincie o dei comuni, o di un istituto sottoposto per la legge alla tutela dello stato, di una provincia o di un comune;

-i notai;

-gli agenti della forza pubblica e gli uscieri addetti all'ordine giudiziario.

Ai pubblici ufficiali erano equiparati per espressa previsione di legge, i giurati, gli arbitri, i periti, gli interpreti e i testimoni, durante il tempo in cui sono chiamati ad esercitare le loro funzioni.

Il codice Rocco ha invece distinto **tre** figure giuridiche; quella del pubblico ufficiale, quella dell'incaricato di un pubblico servizio e quella dell'esercente un servizio pubblico necessità. L'art. 357 prima della citata riforma, recava: "Agli effetti della legge penale *sono* pubblici ufficiali:

-gli impiegati dello stato o di un altro ente pubblico che esercitano, permanentemente o temporaneamente, una pubblica funzione, legislativa, amministrativa o giudiziaria;
-ogni altra persona che esercita, permanentemente o temporaneamente, gratuitamente o con retribuzione, volontariamente o per obbligo, una pubblica funzione, legislativa, amministrativa o giudiziaria".
L'art. 358 stabiliva: "Agli effetti della legge penale, sono persone incaricate di un pubblico servizio:
-gli impiegati dello Stato o di un altro ente pubblico, i quali prestano, permanentemente o temporaneamente, un pubblico servizio;
-ogni altra persona che presta, permanentemente o temporaneamente, gratuitamente o con retribuzione, volontariamente o per obbligo, un pubblico servizio".
Infine, l'art. 359 *tuttora* dispone: "Agli effetti della legge penale, <u>sono persone che esercitano un</u> **<u>servizio di pubblica necessità</u>**:
-i privati che esercitano professioni forensi o sanitarie, o altre professioni il cui esercizio sia per legge vietato senza una speciale abilitazione dello Stato, quando dell'opera di essi il pubblico sia per legge obbligato a valersi;
-i privati che, non esercitando una pubblica funzione, né prestando un pubblico servizio, adempiono un servizio dichiarato di pubblica necessità mediante un atto della pubblica Amministrazione".
Così stando le cose **la legge 26 aprile 1990 n. 86** si diede espressamente carico di mettere ordine nella materia con gli art. 17 e 18 con i quali si fornivano nuove definizioni legislative, mantenendosi le qualifiche soggettive di "pubblico ufficiale" e "incaricato di pubblico servizio".
All'art. **17**, che rimodula l'art. 357, si stabilisce che: "Agli effetti della legge penale, <u>sono **pubblici** **ufficiali**</u> coloro i quali esercitano una *pubblica funzione* legislativa, amministrativa o giudiziaria. Agli stessi effetti è pubblica la funzione amministrativa disciplinata da norme di diritto pubblico e da atti autoritativi, e caratterizzata dalla formazione e dalla manifestazione della volontà della pubblica Amministrazione e dal suo svolgersi per mezzo di poteri autoritativi o certificativi".
L'art. **18**, costituente il nuovo art. 358 del codice, precisa: "Agli effetti della legge penale, <u>sono</u> **<u>incaricati di pubblico servizio</u>** coloro i quali, a qualunque titolo, prestano un pubblico servizio. Per pubblico servizio deve intendersi un'attività disciplinata nelle stesse forme della pubblica funzione, ma caratterizzata dalla mancanza dei poteri tipici di quest'ultima, e con esclusione dello svolgimento di semplici mansioni di ordine e della prestazione di opera meramente materiale".

§ 3. CONCETTO DI PUBBLICO UFFICIALE E INCARICATO DI PUBBLICO SERVIZIO

Le due categorie non esigono quel rapporto che sorge quando una persona mette **volontariamente** la propria attività a servizio di altri a fine professionale, e cioè in modo continuativo, contro una determinata retribuzione. In ogni caso è **indifferente** che l'esercizio della funzione o del servizio sia **permanente** o **temporaneo**, e per i privati è pure indifferente che l'esercizio stesso sia già **gratuito** o **retribuito, volontario** od **obbligatorio**.
La distinzione tra le due categorie nel sistema del codice dipende dalla distinzione tra **<u>pubblica</u> <u>funzione</u>** e **<u>pubblico servizio</u>**. Le originarie formule del codice Rocco non rispondevano all'interrogativo sul modo in cui si distinguevano tale mansioni e nella Relazione Ministeriale sul progetto si afferma che ciò era stato fatto mediatamente, perché si riteneva che i concetti di pubblica funzione e di pubblico servizio non potessero essere diversi da quelli forniti dalla dottrina, e, quindi, la risoluzione dei problemi relativi esulasse dal compito della legiferazione penale, dovendo ritenersi riservata alla scienza del diritto penale. Senza dire che questa distinzione, di particolare importanza per il penalista risulta esserlo assai meno per i cultori del

diritto amministrativo.

Secondo il pensiero dello scrivente, le difficoltà che si presentano per tracciare una linea netta di demarcazione tra la pubblica funzione e il servizio pubblico e, quindi, tra la categoria del pubblico ufficiale e quella dell'incaricato di pubblico servizio, non sembrano attualmente superabili. La ragione di ciò deve ravvisarsi nel fatto che si tratta sempre di mansioni pubbliche, le quali assumo le forme più diverse con gradazioni innumerevoli.

Le difficoltà sono accresciute dal fatto che la distinzione delle mansioni, specie ai fini penali, è stata adottata in vista di due finalità diverse: da un lato per stabilire a carico dei pubblici ufficiali una maggiore responsabilità nel caso di violazione dei rispettivi doveri; dall'altro per assicurare ad essi una maggiore protezione di fronte alle possibili offese degli estranei. Accanto alla larga classe delle persone che formano o concorrono a formare la volontà dell'ente pubblico o in qualsiasi modo lo impersonano di fronte agli estranei, la qualifica di pubblico ufficiale, come già da noi sostenuto in passato, va riconosciuta a **due** altre categorie di individui:

-coloro che sono muniti di <u>poteri autoritari</u>, e particolarmente delle facoltà di procedere all'arresto o di contestare contravvenzioni (come ad es i capitani di nave);

-coloro che sono muniti di <u>poteri di certificazione</u>, vale a dire le persone che hanno la facoltà di rilasciare documenti che nel nostro ordinamento giuridico hanno efficacia probatoria (pensiamo ai notai).

Il nuovo testo dell'art. 357 ha ciò riconosciuto quando ha accennato a quella caratteristica della funzione amministrativa che è il suo svolgersi per mezzo di poteri autoritativi o certificativi.

Tutte le altre persone investite di mansioni di interesse pubblico che **non** appartengano alla categoria degli esercenti un servizio di pubblica necessità, a nostro parere vanno considerate come <u>incaricati di un pubblico servizio</u>.

§ 4. PERSONE ESERCENTI UN SERVIZIO DI PUBBLICA NECESSITÀ

Come risulta dal testo dell'art. 359, che sopra abbiamo riferito, questa categoria comprende **due** gruppi di persone.

Il **primo** è costituito dai privati che esercitano professioni il cui esercizio non è consentito senza una speciale abilitazione da parte dello Stato, sempre che dell'opera di essi il pubblico sia per legge obbligato a valersi.

Le principali professioni per le quali la legge prescrive una speciale abilitazione sono quelle di avvocato e procuratore, notaio, medico, chirurgo, veterinario, chimico, farmacista, levatrice, ingegnere, architetto, agronomo, perito industriale o agrario.

Il **secondo** gruppo di esercenti un servizio di pubblica necessità è costituito dai privati che, senza esercitare una pubblica funzione né prestare un pubblico servizio, adempiono un servizio dichiarato di pubblica necessità mediante un atto della Pubblica Amministrazione.

§ 5. LA RILEVANZA AI FINI DEL FATTO DELITTUOSO

La speciale qualifica di regola non è sufficiente; occorre anche un **<u>particolare rapporto tra il fatto criminoso e le attività che giustificano la qualifica stessa</u>**. Talora si richiede la **<u>contestualità</u>** del fatto con l'esercizio delle funzioni o dei servizi, e cioè che il fatto sia commesso durante questo servizio. In altri casi l'esercizio delle mansioni figura come elemento determinate. Sono le ipotesi nelle quali il fatto deve verificarsi *a causa* delle funzioni o dei servizi. In altri si postula un *nesso finalistico* tra il fatto e le mansioni. Così nel reato di cui all'art. 318 si esige che il pubblico ufficiale si lasci corrompere per compiere un atto del suo ufficio. Importanti sono gli effetti della cessazione della speciale qualifica. Il codice nell'art. 360 stabilisce a proposito: "Quando la legge considera la qualità di pubblico ufficiale, o di incaricato di pubblico servizio, o di esercente un servizio di pubblica necessità, come elemento costitutivo o come circostanza aggravante di un reato, la cessazione di tale qualità, nel momento in cui il reato è commesso, non esclude l'esistenza di questo né la circostanze aggravante, se il fatto si riferisce all'ufficio o al servizio esercitato".

§ 6. LE PIÙ RECENTTI RIFORME

LA LEGGE 6 NOVEMBRE 2012 N. 190

La **legge 6 novembre 2012 n. 190**, recante "Disposizioni per la prevenzione e la repressione della corruzione e dell'illegalità nella pubblica amministrazione", ha apportato rilevanti modifiche alla preesistente disciplina dei reati dei pubblici ufficiali contro la PA.

La *ratio* che ha guidato il legislatore va evidentemente rinvenuta nel contesto socio-politico in cui è maturata la riforma, contestualmente alla metamorfosi quantitativa e qualitativa del fenomeno corruttivo, che in qualche modo si è cercato di arginare, sia rafforzando i rimedi di tipo repressivo, sia introducendo strumenti di prevenzione idonei ad incidere in modo strutturale sulle "occasioni" della corruzione e sui fattori che ne favoriscono la diffusione.

Netta è stata, negli ultimi decenni, la metamorfosi criminologica sia del fatto corruttivo, sia dei suoi attori, che dai tradizionale due, sono sovente diventati di più, grazie al coinvolgimento di altri con funzione di "**intermediario**" nel *pactum sceleris*. E la stessa cd "**tangente**", anziché consistere nella classica dazione di denaro, è stata spesso oggetto di tentativi di occultamento con complessi meccanismi di "**triangolazione**".

Tanto che il legislatore ha introdotto la nuova figura di reato di *traffico di influenze illecite*, di derivazione internazionale.

La riforma è poi intervenuta in modo significativo anche nei riguardi delle altre fattispecie di reati contro la PA., in primis la **concussione**, oggetto di un significativo intervento modificativo di cui si dirà nel prossimo paragrafo nella trattazione delle fattispecie previste dagli artt. 317 e 319 *quater* cp).

Infine, sempre in ossequio alle evidenziate esigenze repressive, deve registrarsi un primo inasprimento di alcune delle pene previste per questo genere di reati.

LA LEGGE 9 GENNAIO 2019, N.3 (CD "SPAZZA-CORROTTI")

Recente, e oggetto di aspre critiche, è l'ultimo intervento normativo, la L **9/01/2019 n 3** ("Misure per il contrasto dei reati contro la pubblica amministrazione, nonché in materia di prescrizione del reato e in materia di trasparenza dei partiti e movimenti politici") entrata in vigore il 31 gennaio del 2019.

Partendo dagli stessi presupposti della precedente riforma, la nuova normativa ha apportato notevoli (e, vedremo, non sempre ragionevoli) modifiche al codice penale, a quello di procedura e all'Ordinamento di Polizia Penitenziaria, andando ad incidere anche sulle modalità di esecuzione della pena. La normativa, che sostituisce in toto la precedente cd riforma ORLANDO, ha avuto decorrenza a partire dal 01.01.2020. Esaminiamone i punti salienti:

-per quello che riguarda le **modifiche al codice penale**, la normativa è andata ad incidere, *in primis*, sulla disciplina della *prescrizione*, prevedendo che, nel giudizio a carico di alcuno per reati contro la pubblica amministrazione, l'intervenuta sentenza di primo grado (anche di assoluzione), interrompe definitivamente il decorso del tempo necessario a prescrivere il reato..

Altre rilevanti novità riguardano l'applicazione di *pene accessorie*, in particolare quella relativa all'interdizione dai pubblici uffici (che potrà essere applicata anche al privato corruttore) e all'incapacità a contrarre con la pubblica amministrazione.

Viene prevista infine, e per la prima volta, una speciale causa di *non punibilità* (art. 323-ter cp) per i reati in esame, per colui che, dopo aver commesso taluno dei reati previsti, e prima di aver conoscenza dell'esistenza di un'inchiesta a suo carico, si "pente" e si **autodenuncia**, "fornendo indicazioni utili per assicurarne la prova e per individuarne gli altri responsabili". La causa di non punibilità è però subordinata alla restituzione, da parte del denunciante, dell'utilità percepita o, se impossibilitato, di una somma di denaro di valore equivalente, "ovvero all'indicazione di elementi per individuarne il beneficiario effettivo".

Il beneficio è ovviamente escluso qualora si scopra che il "pentimento" era *preordinato* alla commissione del reato.

Sempre nell'ambito delle modifiche al codice penale, viene **abolito** il reato di "millantato credito", che confluisce nell'ipotesi del "**traffico di influenze illecite**", reato istituito con la precedente riforma del 2012.

Cambiano anche gli istituti della *riabilitazione* e della *sospensione condizionale* della pena.

La **prima** si estenderà anche alle sanzioni accessoria, solo dopo **sette anni** dalla sua applicazione (cioè ad es, l'interdizione perpetua dai pubblici uffici sarà cessata solo sette anni **dopo** l'intervenuta riabilitazione). Circa invece la sospensione condizionale della pena, questa sarà ottenibile solo se l'imputato ha restituito le somme distolte.

Vengono infine **inasprite** le pene per alcune fattispecie criminose tra le quali la corruzione internazionale, l'appropriazione indebita e la corruzione per l'esercizio della funzione;

-circa le **modifiche al codice di procedura penale**, esse riguardano l'introduzione della nuova misura cautelare del "divieto temporaneo" a contrarre con la pubblica amministrazione, che potrà essere applicata anche ai procedimenti penali per reati punibili nel massimo in misura inferiore ai tre anni. Modificato inoltre il regime delle intercettazioni, in particolare l'uso dei captatori informatici, i cd *Trojan*, con l'eliminazione del limite all'utilizzo degli stessi nel domicilio o negli altri luoghi di privata dimora nei soli casi in cui vi fosse motivo di ritenere che in detti luoghi si svolgesse l'attività criminosa; inoltre la polizia giudiziaria potrà procedere al suo utilizzo anche in assenza di una preventiva autorizzazione del giudice;

-quello che fa più discutere, e che è in forte odore di incostituzionalità, è l'**inserimento** dei reati contro la pubblica amministrazione **nell'articolo 4** *bis* dell'Ordinamento Penitenziario, tra quelli ostativi alla concessione di benefici premiali, e dell'accesso alle misure alternative alla detenzione (su tutte, l'affidamento in prova ai servizi sociali); quindi in caso di condanna, avvenuta anche a seguito di patteggiamento e quindi con pena da scontare *inferiore* alla soglia prevista per richiedere le misure alternative, non ci sarà un'ordine di carcerazione "sospeso", ma il condannato varcherà prima la soglia del carcere per poi chiedere, **da detenuto**, l'applicazione delle misure. La concessione di queste inoltre, sarà sempre subordinata alla fattiva collaborazione prestata dal reo "per evitare che l'attività delittuosa sia portata a conseguenze ulteriori, per assicurare le prove dei reati e per l'individuazione degli altri responsabili ovvero per il sequestro delle somme o altre utilità trasferite".

§ 7. I DELITTI DEI PUBBLICI UFFICIALI CONTRO LA PUBBLICA AMMINISTRAZIONE. IL PECULATO

Il *peculato*, inteso in senso lato, in sostanza non è altro che un'appropriazione indebita commessa da un pubblico funzionario.

Questo tipo di delitto, era spezzato nel nostro codice in **tre** distinte figure autonome: il peculato, la malversazione a danno dei privati e il peculato mediante profitto dell'errore altrui. Dopo la riforma con la legge 26 aprile 1990 n. 86, abrogato il delitto di malversazione, residuano le **due** figure del *peculato* e del peculato *mediante profitto dell'errore altrui*. Ad esse il legislatore della riforma ha ritenuto opportuno di introdurre la previsione espressa del peculato *d'uso*.

<u>PECULATO</u> (art. 314). Consiste nel fatto del pubblico ufficiale o dell'incaricato di pubblico servizio che, "avendo per ragione del suo ufficio o servizio il possesso o comunque la disponibilità di denaro o di altra cosa mobile altrui, se ne appropria".

Presupposto del delitto è che il pubblico ufficiale o l'incaricato di un pubblico servizio abbia, per ragione di ufficio, il possesso o comunque la disponibilità della cosa o del denaro. Il *possesso*, come inteso dalla norma, consiste nella possibilità di disporre, al di fuori della sfera altrui di vigilanza, della cosa sia in virtù di una situazione di fatto, sia in conseguenza della funzione giuridica esplicata dall'agente nell'ambito della Pubblica Amministrazione. Incertezze sorgono anche nel percepire quando si abbia la ragion d'ufficio come titolo di possesso. In senso stretto, questa espressione esige che tra la funzione pubblica ed il possesso della cosa o del denaro intercorra un rapporto di dipendenza *immediata*.

Intesa invece in senso ampio, la ragione d'ufficio diventa equivalente di occasione, in modo da comprendere ogni possesso che comunque tragga origine dalla funzione pubblica esercitata dal soggetto (tesi però contrastata da parte della dottrina, su tutti si legga il **FIANDACA-MUSCO**). La cosa, o il denaro devono essere altrui cioè possono appartenere alla Pubblica Amministrazione, o a qualsiasi altro soggetto privato. La giurisprudenza è da tempo orientata nel senso di una maggiore estensione del concetto di appartenenza. In particolare, fin dalla sentenza 9 novembre del 1948 la Cassazione ha affermato che nell'ambito del diritto pubblico il concetto anzidetto comprende non solo i poteri che derivano da rapporti di natura patrimoniale, ma anche da rapporti di altre indole che, comunque, importino la facoltà di disporre della cosa per destinarla al conseguimento di particolari scopi. Il vincolo, quindi, può essere puramente personale.

Il fatto materiale consiste nell'*appropriarsi*, del denaro o della cosa mobile altrui posseduti per ragione di ufficio o servizio. Appropriarsi di una cosa significa esercitare su di essa atti di dominio incompatibili con il titolo che ne giustifica il possesso. Il reato si consuma nel momento in cui si realizzano gli atti di appropriazione. Trattandosi però di c.d. "vuoto di cassa", la consumazione non si verifica prima della messa in mora o della scadenza del termine prescritto per il versamento da parte del pubblico funzionario. In tali casi però, se non si perfeziona il delitto in esame, potrà sussistere il peculato d'uso.

L'elemento soggettivo consiste nella coscienza e volontà di porre in essere un comportamento di appropriazione nel significato sopra descritto, al fine di ricavarne un profitto per sé o per altri.

La pena, da quattro a dieci anni, è stata inasprita nel minimo dalla riforma del 2012 (v infra).

PECULATO D'USO (art. 314 comma 2). Ai sensi di tale articolo "Si applica la pena della reclusione da sei mesi a tre anni quando il colpevole ha agito col solo scopo di fare uso momentaneo della cosa, e questa, dopo l'uso momentaneo, è stata immediatamente restituita". Trattasi per certo di reato autonomo non circostanza attenuante dell'ipotesi di cui al primo comma. La cosa usata deve essere di natura tale da non perdere consistenza economica per effetto dell'uso e il precetto esprime un principio già evidenziato dalla giurisprudenza. La durata maggiore o minore dell'uso può incidere soltanto sulla pena, non sull'esistenza del reato. Ma i limiti dell'uso momentaneo restano affidati di volta in volta all'equo apprezzamento del giudice. Pur se il tentativo sarà di difficilmente ipotizzabile, non vi sono ragioni per escluderne la possibilità. Il dolo consiste nella volontà di far uso della cosa, qualificato dallo scopo che tale uso è soltanto momentaneo.

PECULATO MEDIANTE **PROFITTO DELL'ERRORE ALTRUI** (art. 316). Configura questo reato il fatto del pubblico ufficiale o dell'incaricato di un pubblico servizio, il quale "nell'esercizio delle funzioni o del servizio, **giovandosi** *dell'errore altrui*, riceve o ritiene indebitamente per sé o per un terzo, denaro o altra utilità".

È dovere del pubblico funzionario non accettare cose che gli siano consegnate per errore e restituirle subito dopo essersi accorto dell'errore stesso, se le ha ricevute in buona fede. La violazione di questo obbligo costituisce l'essenza del reato. L'ipotesi in esame costituisce una forma *attenuata* del peculato. In ordine all'elemento oggettivo si osserva che ricevere significa accettare una cosa, mentre *ritenere* importa la non restituzione della cosa ricevuta. La indebita ritenzione si ha anche nella mancata consegna di ciò che, per errore, non si sia richiesto nell'atto di una riscossione. Il dolo esige la consapevolezza dell'errore altrui e la volontà di ricevere o di ritenere indebitamente dopo la scoperta dell'errore.

§ 8. LA CONCUSSIONE. LA NUOVA DISCIPLINA E I RAPPORTI CON LA VECCHIA

La **concussione**, punita, nella sua forma "classica", con la sanzione più elevata tra i reati contro la PA, è assimilabile ad una sorta di estorsione "qualificata" dalla natura del soggetto agente.

La **L. n. 190/2012**, contenente "disposizioni per la prevenzione e la repressione della corruzione e dell'illegalità nella pubblica amministrazione", ha modificato la struttura della norma, intervenendo essenzialmente su **tre** aspetti.

In **primo** luogo, il legislatore ha circoscritto la condotta di cui all'art. 317 cp alla sola ipotesi di concussione *per costrizione*, disciplinando la precedente figura della concussione *per induzione* in una distinta ed ulteriore fattispecie inserita nel nuovo art. 319-quater cp e denominata "Induzione indebita a dare o promettere utilità", riferibile sia al pubblico ufficiale che all'incaricato di pubblico servizio, e che prevede la punibilità anche del privato indotto alla dazione (se **accetta** anzichè *denunciare*).

In **secondo** luogo (cosa che lascia perplessi per i rischi di grave iniquità che possono derivare da tale scelta) è stata limitata la riferibilità del nuovo art. 317 cp al **solo** pubblico ufficiale.

Infine, in relazione all'esigenza di contrastare il fenomeno corruttivo anche sul piano della repressione, la legge ha previsto l'innalzamento della pena edittale *minima* per il delitto in esame, dagli originari quattro anni agli attuali **sei** anni.

Completano il quadro delle novità:

-l'estensione degli obblighi di informativa alla PA di appartenenza del decreto che dispone il giudizio per il pubblico dipendente accusato del reato in questione;

-l'estensione allo stesso delle particolari ipotesi di confisca ex art. 12 sexies della L. n. 356/1992, nonché l'inclusione dello stesso nell'elenco dei reati presupposto per la responsabilità amministrativa degli enti, contemplata dal D. Lgs. 231/2001.

Circa la *ratio* sottesa a tali modifiche normative, sembra che sia da rinvenire, come anticipato, nelle sollecitazioni esterne di provenienza europea ed internazionale, che hanno spinto il nostro legislatore a rimodulare i rapporti tra i reati di concussione e corruzione, per far sì che venisse garantito un più efficace sistema repressivo della corruzione in ambito commerciale internazionale.

Inoltre anche in Italia era stata manifestata la necessità di introdurre una nuova fattispecie di reato dalla quale si evincesse la distinzione tra colui che è vittima autentica della pubblica prevaricazione e colui che, diversamente, può identificarsi come sostanziale concorrente di un mercimonio, e quindi, meritevole di sanzione.

§ 9. L'INDUZIONE INDEBITA A DARE O PROMETTERE UTILITÀ

La fattispecie punisce il pubblico ufficiale o l'incaricato di pubblico servizio che, "abusando della sua qualità o dei suoi poteri, **induce** (e non *costringe*) taluno a dare o a promettere *indebitamente*, a lui o a un terzo, denaro o altra utilità".

Come osservato, l'art. 319-*quater* cp, inserito in chiusura delle ipotesi di cd "**corruzione passiva**", è stato introdotto dalla L 6 novembre 2012 n. 190 che così dedica una autonoma disposizione ad una delle due ipotesi delittuose in precedenza disciplinate, unitariamente, dall'art. 317 cp.

Quanto ai *soggetti attivi del reato*, la nuova figura fa riferimento sia al pubblico ufficiale che all'incaricato di pubblico servizio; al comma secondo, prevede inoltre la punibilità anche *di chi dà o promette denaro o altra utilità*, riproducendo, in via autonoma per tale fattispecie, l'estensione della punibilità, seppur in misura ridotta (reclusione *fino* a tre anni) del corruttore, prevista dall'art. 321 cp per i reati di corruzione.

La scelta legislativa è stata salutata con favore da chi ha apprezzato la conservazione di uno spazio autonomo per l'indebita induzione a dare o promettere denaro o altra utilità, con un quadro sanzionatorio per l'agente pubblico più grave rispetto a quello previsto per il privato; in particolare, si è osservato come quest'ultima previsione costituisca un "felice compromesso" tra l'esigenza di rispondere alle sollecitazioni internazionali che reclamano la punibilità del privato e quella di assicurare comunque un'equa graduazione delle risposte sanzionatorie in relazione a situazioni oggettivamente diverse.

Con riferimento alle pene previste, occorre infine evidenziare come dal lato del pubblico ufficiale, la pena più ridotta (reclusione da tre ad otto anni) rispetto a quella prevista per il concussore (da sei a dodici anni) appaia coerente con l'assenza di un comportamento coercitivo, tipico invece del reato di cui all'art. 317 cp.

§ 10. LA CORRUZIONE E I SUOI RAPPORTI CON LA CONCUSSIONE E L'INDUZIONE INDEBITA

La **corruzione** è regolata dagli articoli 318 e 319 del Codice Penale vigente; la differenza tra i due articoli è data dalla **diversa fattispecie** regolata: il primo punisce il comportamento del pubblico ufficiale che riceve somme di denaro o altra utilità per un atto del suo ufficio già compiuto o da compiere (atto quindi lecito e che si compirebbe egualmente), mentre il secondo articolo punisce il comportamento del pubblico ufficiale che accetta denaro o altra utilità da un privato per omettere atti del suo ufficio o compiere atti contrari ai suoi doveri.

È un reato a concorso **necessario**, essendo indispensabile l'accordo tra il pubblico ufficiale ed il privato che sono perciò considerati *complici* del *pactum sceleris.*

Da sempre controversa in dottrina ed in giurisprudenza è la **distinzione** tra concussione e corruzione.

Sul punto si sono registrate **tre** teorie, che elenchiamo solo nominativamente:
-quella dell'*iniziativa;*
-quella dell'*accordo delle volontà* e del *metus publicae potestatis;*
-quella del *danno* o del *vantaggio.*

Tutte ormai superate, oggi la delimitazione tra le diverse fattispecie sono diverse e fondate su altri criteri.

Nessun dubbio è emerso sulla riconducibilità all'art. 317 cp delle sole condotte caratterizzate da autentiche modalità **costrittive**, che dovrebbero essere identificate nelle sole ipotesi di *violenza* o *minaccia.*

Più **difficoltosa** appare, invece, la distinzione tra corruzione ed induzione indebita, da risolvere sulla base del criterio della presenza o meno di una situazione di soggezione psicologica del privato nei confronti del pubblico funzionario.

Ciò posto, nel concreto, a fronte della dazione o promessa di denaro o altra utilità in relazione all'esercizio delle funzioni del pubblico funzionario, dovrà dunque distinguersi a seconda che il privato si sia determinato al pagamento o alla promessa perché versante in una situazione di soggezione (configurandosi in tale ipotesi il delitto di induzione indebita), ovvero in seguito a una negoziazione su un piano di parità tra le parti, risultando allora applicabile uno dei due attuali delitti di corruzione (l'art. 319 cp o l'art. 318 cp, a seconda che l'accordo abbia o meno ad oggetto una condotta del pubblico funzionario contraria ai suoi doveri d'ufficio), che sanzionano in ogni caso entrambe le parti del *pactum sceleris.*

Come anticipato, ciò che distingue attualmente la fattispecie di concussione (per costrizione) e la nuova induzione indebita è la modalità costrittiva della condotta, presente solo nella prima delle fattispecie citate.

Tra l'altro, è stato rilevato come la nozione di "induzione" sia stata ricostruita dal legislatore non solo in relazione alla differente modalità dell'azione del PU, ma altresì in relazione all'intensità dell'effetto di coartazione psicologica che determina sul privato; si è detto, infatti, che è proprio in ragione dell'entità di tale effetto e della eventuale persistenza di una residua libertà di autodeterminazione che va ricercato il *discrimen* tra la concussione e l'induzione indebita. Più in particolare, si è affermato che "l'induzione parrebbe situarsi a mezza strada tra coercizione assoluta da un lato, tipicamente caratterizzante la concussione, e pienamente libera volontà dall'altra, tipicamente caratterizzante la pari partecipazione all'accordo illecito proprio della corruzione".

§ 11. DISTINZIONE TRA CONCUSSIONE E TRUFFA

Altra distinzione che ha impegnato in passato la giurisprudenza è quella tra la concussione per induzione (nella previgente formulazione di cui al vecchio art. 317 cp) e la *truffa aggravata ex* art. 61 n. 9 cp: il problema si poneva, invero, solo per la concussione per induzione, poiché una condotta di coartazione da parte del funzionario esclude *a priori* la riconducibilità del fatto all'art. 640 cp.

Dopo la riforma del 2012, con cui è stata estrapolata dall'art. 317 cp la concussione per induzione, tale problematica potrebbe porsi con riferimento ai rapporti tra la truffa aggravata e la nuova fattispecie inserita all'art. 319-*quater* cp.

Il *discrimen* tra i due delitti veniva individuato nelle modalità dell'azione posta in essere dal pubblico ufficiale: doveva, infatti, ravvisarsi concussione tutte le volte che l'abuso della qualità o della funzione assumeva una preminente importanza prevaricatrice che induceva il soggetto passivo all'ingiusta dazione che egli sapeva non dovuta; sussisteva invece truffa aggravata quando la qualità o i poteri del pubblico ufficiale concorrevano solo in via accessoria alla determinazione della volontà del soggetto passivo, convinto con artifizi o raggiri ad una prestazione che egli credeva dovuta.

Proprio su quest'ultima notazione insiste la giurisprudenza, affermando che "la distinzione tra concussione e truffa va individuata nel fatto che nella concussione il privato mantiene la consapevolezza di dare o promettere qualcosa di non dovuto, mentre nella truffa la vittima viene indotta in errore dal soggetto qualificato circa la doverosità oggettiva delle somme o delle utilità date o promesse".

In tal senso è bene ricordare che la previsione della punibilità del privato nell'ipotesi di cui all'art. 319-*quater* cp esclude che, d'ora in poi, il mero inganno possa essere classificato come condotta induttiva (secondo quanto ritenuto dall'orientamento sin qui maggioritario), dal momento che non appare coerente con le finalità del nostro ordinamento punire chi abbia corrisposto denaro o altra utilità al pubblico funzionario perché da lui indotto in errore sulla doverosità del pagamento, dovendo al contrario ravvisarsi in tale ipotesi unicamente una truffa aggravata a danno del privato, da considerare quindi quale *vittima* del raggiro.

Infine un contrasto interpretativo si era registrato in merito alla possibilità di disporre la confisca per equivalente, *ex* art. 322- *ter*, co. 1, ultima parte, cp non solo del prezzo ma anche del profitto del reato di concussione.

La questione è stata definitivamente risolta dal legislatore sempre con la riforma del 2012, con l'espressa previsione che la confisca per equivalente possa essere disposta **anche** per un valore corrispondente al profitto e non più solo al prezzo.

Sempre in tema di confisca, da segnalare che la novella del 2019, ha ampliato ulteriormente la materia delle impugnazioni, con l'inserimento nel codice di rito del nuovo art. 578 *bis* che, a fronte di intervenuta amnistia o prescrizione del reato, consente di impugnare non solo la cd confisca *allargata* ma anche la confisca prevista dall'art. 322-ter cp conseguente ai delitti dei pubblici ufficiali contro la PA.

§ 12. IL TRAFFICO DI INFLUENZE ILLECITE

Anche il reato in esame è stato introdotto dalla già citata legge 6 novembre 2012, n. 190, per far fronte alla "metamorfosi qualitativa" del fenomeno corruttivo della quale si è detto nel paragrafo introduttivo, oltre che per tener fede a puntuali vincoli internazionali.

In particolare, quanto alla registrata trasformazione dal punto di vista soggettivo delle condotte che conducono alla conclusione del *pactum sceleris*, si è rilevato come, sempre più spesso, il mercimonio della pubblica funzione si concretizzi già attraverso un'attività di **intermediazione** e di **filtro**, svolta da soggetti **terzi** che si interpongono tra il pubblico funzionario e il privato in una fase prodromica al raggiungimento dell'accordo corruttivo.

Il *bene giuridico* tutelato dalla norma è il prestigio della pubblica amministrazione che, come nell'ipotesi di millantato credito, ancor più nel traffico di influenze illecite, è offeso quando un pubblico funzionario viene indicato come corrotto o corruttibile perché disposto ad accettare una remunerazione per compiere un atto contrario ai doveri di ufficio ovvero per ritardare od omettere un atto del suo ufficio; comporta la medesima lesione il fatto di chi fa dare o promettere denaro o altro vantaggio patrimoniale come prezzo per la propria attività di mediazione nei confronti dell'agente pubblico.

Soggetto attivo del reato <u>può essere</u> **chiunque**: si tratta dunque di un reato *comune*. Il secondo comma attribuisce rilevanza penale anche alla condotta di colui che indebitamente dà o promette denaro o altro vantaggio patrimoniale, in questo differenziandosi dal millantato credito nel quale il soggetto passivo è visto come vittima di un raggiro pure avente una causale illecita, e per tale motivo risulta non punibile.

In relazione alla condotta, **due** sono le ipotesi descritte dal primo comma: **da un lato**, il fatto di chi, sfruttando relazioni esistenti con il pubblico funzionario, indebitamente faccia dare o promettere a sé o ad altri denaro o altro vantaggio patrimoniale come prezzo della propria mediazione illecita verso il pubblico ufficiale, sulle cui determinazioni si vorrebbe illecitamente influire; **dall'altro**, il fatto di chi, sfruttando tali relazioni, indebitamente faccia dare o promettere a sé o ad altri denaro o altro vantaggio patrimoniale per remunerare l'agente pubblico.

In entrambi i casi è richiesto che l'opera di intermediazione sia svolta "in relazione al compimento di un atto contrario ai doveri di ufficio o all'omissione o al ritardo di un atto del suo ufficio".

In dottrina si è osservato che l'espressione "in relazione" sembra alludere tanto alla prospettiva di un futuro compimento di una tale condotta da parte del funzionario, quanto ad un compenso del funzionario medesimo per una condotta antidoverosa già compiuta (in tal senso si legga **VIGANÒ**, *La riforma dei delitti di corruzione*, in *Libro dell'anno del diritto*, Treccani, 2013).

Al pari della fattispecie di cui all'art. 346 cp, anche nel reato in esame la pattuizione del prezzo della mediazione dovrebbe rappresentare un *requisito* della condotta incriminata.

Gli elementi che caratterizzano la fattispecie *de qua* sono l'attività di mediazione, della quale si è già detto, e lo sfruttamento di relazioni -realmente esistenti e *non quindi millantate*- tra il soggetto agente e il pubblico funzionario.

Il **dolo** richiesto per entrambe le ipotesi previste dal primo comma dell'art. 346 *bis* cp, deve coprire la coscienza e volontà di carpire il compenso a titolo di corrispettivo per l'attività di intermediazione svolta o da svolgere, ovvero di ottenerlo solo per poi consegnarlo al pubblico ufficiale. Non rileva, pertanto, l'effettivo compimento dell'atto contrario ai doveri d'ufficio ovvero il suo effettivo ritardo o la sua omissione, né rileva il buon esito dell'attività di filtro svolta dall'intermediario.

Il terzo comma prevede una circostanza aggravante speciale ad effetto comune, di tipo soggettivo, e concernente la qualifica di pubblico ufficiale o di incaricato di un pubblico servizio dell'intermediatore.

Infine, altre due circostanze speciali di tipo oggettivo sono previste nei commi quarto e quinto: la pena è <u>aumentata</u> se i fatti sono commessi in relazione all'esercizio di **attività giudiziarie** ed è, invece, <u>diminuita</u> se i fatti sono di **particolare tenuità**.

La portata del reato di cui sopra verrà fortemente **limitata** dall'entrata in vigore della cd riforma **NORDIO**, già approvata dal Consiglio dei Ministri.

I RAPPORTI CON LA CORRUZIONE

Circa i rapporti con la corruzione, con la previsione del reato di traffico di influenze illecite si è inteso sanzionare, invero, condotte *prodromiche* alla consumazione del delitto di corruzione; consegue che l'ipotesi della intermediazione in una corruzione propria susseguente è in pratica confinata ai casi (verosimilmente non frequenti) in cui il pubblico funzionario abbia di propria iniziativa posto in essere una condotta contraria ai propri doveri d'ufficio che abbia in concreto favorito il privato, ovvero abbia compiuto una tale condotta d'accordo con l'intermediario, senza però che né l'uno né l'altro fossero ancora destinatari di una previa promessa di pagamento da parte del privato (altrimenti si sarebbe in presenza di un concorso dei tre soggetti in una corruzione propria antecedente consumata); in tale prospettiva deve inserirsi "la promessa o la dazione, da parte del privato, di denaro o altro vantaggio patrimoniale all'intermediario, quale compenso per la stessa attività di intermediazione, ovvero allo scopo di far transitare il denaro o il vantaggio al pubblico ufficiale, in chiave di remunerazione per quest'ultimo".

La volontà del legislatore, pertanto, non è stata tanto quella di tipizzare autonomamente la condotta del "mediatore" nella corruzione (altrimenti punibile per il concorso in tale ultimo reato) per riservare a quest'ultimo un incomprensibile trattamento sanzionatorio di favore, quanto piuttosto e per l'appunto quella di punire condotte prodromiche alla corruzione medesima per il caso che l'accordo corruttivo non si perfezioni.

§ 13. ALTRE FATTISPECIE DI CORRUZIONE

<u>CORRUZIONE IN **ATTI GIUDIZIARI**</u>. L'art. 319 ter, inserito nel codice dall'art. 9 della legge n. 86 del '90, reca: "Se i fatti indicati negli articoli 318 e 319 sono commessi per favorire o danneggiare una parte in un processo civile, penale o amministrativo, si applica la pena della reclusione da tre a otto anni. Se dal fatto deriva l'ingiusta condanna di taluno alla reclusione non superiore a cinque anni, la pena è della reclusione da quattro a dodici anni; se deriva l'ingiusta condanna alla reclusione superiore a cinque anni o all'ergastolo, la pena è della reclusione da sei a venti anni.

ISTIGAZIONE ALLA CORRUZIONE. L'art. 322, come sostituito dall'art. 7 n. 181 del '92, prevede le seguenti ipotesi:

-l'offerta o la promessa di denaro o altra utilità non dovuti, ad un pubblico ufficiale o ad un incaricato di pubblico servizio che rivesta la qualità di pubblico impiegato, per indurlo a compiere un atto dell'ufficio o servizio, qualora l'offerta o la promessa non sia accettata (*istigazione alla corruzione impropria*);

-l'offerta o la promessa fatte per indurre un pubblico ufficiale o un incaricato di un pubblico servizio ad omettere o ritardare un atto dell'ufficio o servizio, ovvero a fare un atto contrario ai propri doveri, qualora l'offerta o la promessa non sia accettata (*istigazione alla corruzione propria*);

-la richiesta della promessa o dazione di denaro o altra utilità fatta da un privato per compiere un atto di ufficio, e posta in essere dal pubblico ufficiale o da incaricato di pubblico servizio che rivesta la qualità di impiegato;

-la analoga richiesta, da parte di un pubblico ufficiale o incaricato di pubblico servizio per omettere o ritardare un atto di ufficio, ovvero per compiere un atto contrario ai doveri d'ufficio.

§ 14. L'ABUSO DI UFFICIO

Dopo decenni di dibattiti politici, inteventi legislativi e dispute dottrinarie, il reato, previsto dall'art 323 cp ("abuso d'ufficio") che sanciva la responsabilità penale per "il pubblico ufficiale o l'incaricato di pubblico servizio che, nello svolgimento delle funzioni o del servizio, in violazione di norme di legge o di regolamento, ovvero omettendo di astenersi in presenza di un interesse proprio o di un prossimo congiunto o negli altri casi prescritti, *intenzionalmente* **procura** a sé o ad altri **un ingiusto vantaggio patrimoniale** ovvero arreca ad altri **un danno ingiusto**", dovrebbe essere <u>abrogato</u> dall'entrata in vigore della recentissima cd riforma **NORDIO**.

§ 15. I REATI "MINORI" DEL PUBBLICO UFFICIALE CONTRO LA P.A.

<u>RIVELAZIONE E UTILIZZAZIONE DI SEGRETI D'UFFICIO</u> (art. **326**). Commette il delitto di **rivelazione** il pubblico ufficiale o la persona incaricata di pubblico servizio, che, violando i doveri inerenti alle funzioni o al servizio, o comunque abusando della sua qualità, rivela notizie del proprio ufficio, le quali debbono rimanere segrete, o ne agevola in qualsiasi modo la conoscenza. Il terzo comma, inserito dall'art. 15 della legge n. 86 del '90, afferma la responsabilità del pubblico ufficiale o dell'incaricato di pubblico servizio che, per procurare a sé o ad altri un indebito profitto patrimoniale **si avvale** illegittimamente di notizie di ufficio, le quali debbono rimanere segrete. Una pena minore è prevista nel caso che il fatto sia commesso al fine di procurare a sé o ad altri un ingiusto profitto non patrimoniale o di cagionare ad altri un danno ingiusto.

<u>UTILIZZAZIONE D'INVENZIONI O SCOPERTE CONOSCIUTE PER RAGIONI DI UFFICIO</u> (art. **325**). È punito il pubblico ufficiale o l'incaricato di pubblico servizio, il quale **impiega** a proprio o altrui profitto, *invenzioni* o *scoperte* scientifiche, o nuove *applicazioni* industriali, che egli conosca per ragioni d'ufficio o servizio, e che debbano rimanere segrete.

<u>VIOLAZIONE DI DOVERI INERENTI ALLA CUSTODIA DI COSE SEQUESTRATE</u> (art. **334** e **335**). È previsto quel particolare abuso che consiste nel **sottrarre, sopprimere** o **distruggere** cose sottoposte a sequestro. L'art. 334, quale modificato dall'art. 86 della legge n. 689 del '91, formula tre ipotesi, secondo che il fatto sia commesso:
-dal custode, al solo fine di favorire il proprietario della cosa sequestrata;
-dal proprietario che abbia lo custodia della cosa stessa;
-dal proprietario della cosa sottoposta a sequestro che non ne sia custode.
Solo nei primi due casi il soggetto attivo riveste la qualità di pubblico ufficiale; il terzo caso è contemplato insieme con gli altri per ragioni di affinità. Il sequestro a cui si riferiscono gli articoli in esame è quello ammesso dalla legge penale e disposto nel corso di un procedimento penale ed anche quello ammesso dalle leggi amministrative.

Nella sfera di efficacia della norma non rientra invece più, come avveniva in passato, il sequestro che si fonda sulle leggi civili.

<u>ECCITAMENTO AL DISPREGIO E VILIPENDIO DELLE ISTITUZIONI, DELLE LEGGI E DEGLI ATTI DELL'AUTORITÀ</u> (art. **327**). Possono rendersi responsabili di questo delitto tre categorie di soggetti: i pubblici ufficiali, i pubblici impiegati incaricati di un pubblico servizio e i ministri di un culto ammesso nello Stato. Il fatto incriminato consiste:
a)nell'**incitare al dispregio** delle istituzioni o all'inosservanza delle leggi, delle disposizioni dell'Autorità o dei doveri inerenti ad un pubblico ufficio o servizio;
b)nel **fare apologia** di fatti contrari alle leggi, alle disposizioni dell'Autorità o ai doveri predetti.
Il fatto, ricordiamolo, deve essere commesso dai soggetti indicati nell'esercizio delle loro mansioni.

<u>OMISSIONI DOLOSE DI DOVERI FUNZIONALI</u>. Allo scopo di assicurare il regolare funzionamento delle pubbliche amministrazioni il codice punisce i pubblici ufficiali e gli incaricati di un pubblico servizio, i quali non per semplice trascuratezza o indolenza, ma *intenzionalmente* **vengono meno** ai loro doveri. Si prevedono due figure criminose, la seconda delle quali costituisce nulla più che una *species* della prima.

<u>OMISSIONE O RIFIUTO DI ATTI D'UFFICIO</u> (art. **328**). Il testo attuale dell'articolo incrimina "Il pubblico ufficiale, o l'incaricato di pubblico servizio, che indebitamente **rifiuta un atto** del suo ufficio che, per ragioni di giustizia o di sicurezza pubblica, o di ordine pubblico o di igiene e sanità, deve essere compiuto senza ritardo". Una pena minore è comminata nel capoverso dell'articolo per "il pubblico ufficiale o l'incaricato di pubblico servizio, che entro trenta giorni dalla richiesta di chi vi abbia interesse non compie l'atto del suo ufficio e non risponde per esporre le ragioni del ritardo".
Si precisa poi espressamente che tale richiesta deve essere redatta in forma scritta e il termine di trenta giorni decorre dalla ricezione della richiesta stessa. La nuova norma fissa un termine, ma la preoccupazione del legislatore per l'eccessiva ingerenza del giudice concede una facile fuga all'amministratore infedele. E l'impressione complessiva è che si sia voluto devitalizzare una norma, traendo occasione da pochi non felici interventi della magistratura per togliere operatività ad una figura di reato non grata agli operatori pubblici.
"Atti d'ufficio" sono gli atti *dovuti* e appartenenti alla competenza funzionale del soggetto. Il rifiuto consiste nel diniego di compiere un atto doveroso. Il rifiuto deve verificarsi *indebitamente*, e cioè senza un motivo legittimo. Il delitto del primo comma si consuma nel momento e nel luogo in cui si verifica il rifiuto. La fattispecie del secondo comma è consumata allo scadere del termine di trenta giorni. Il dolo richiesto è generico.

RIFIUTO O RITARDO DI OBBEDIENZA COMMESSO DA UN MILITARE O DA UN AGENTE DELLA FORZA PUBBLICA (art. **329**). Si prevede il caso del militare o dell'agente della forza pubblica, il quale **rifiuta** o **ritarda** indebitamente di eseguire una richiesta fattagli dall'Autorità competente nelle forme stabilite dalla legge. Una differenza con la fattispecie precedente riguarda il soggetto attivo del reato che deve essere un militare, e cioè una persona appartenente con qualunque grado alle forze armate dello Stato, o un agente della forza pubblica.

SCIOPERO O OSTRUZIONISMO IN PUBBLICI UFFICI E IN SERVIZI PUBBLICI O DI PUBBLICA NECESSITÀ. Gli articoli **330**, **331**, **332** e **333** prevedono lo **sciopero** o l'**ostruzionismo**, nonché alcuni fatti ad essi collegati che si verificano negli uffici pubblici e nei servizi pubblici.

L'entrata in vigore della Costituzione, la quale, nel dichiarare all'art. 40 che il diritto di sciopero si esercita nell'ambito delle leggi che lo regolano, non fa eccezioni di sorta, ha creato nei dipendenti degli enti pubblici il convincimento che tale diritto spetti sempre anche ad essi; in realtà, la legge regolatrice della materia, L. 12 giugno 1990, n. 146, dopo aver elencato i servizi pubblici ritenuti essenziali, *pone i limiti* al diritto di sciopero con lo scopo di garantire un livello minimo di funzionalità di questi ultimi. L'inosservanza di tali limiti da luogo a sanzioni disciplinari e normative per i lavoratori, nonché di carattere patrimoniale per le organizzazioni sindacali e di categoria. L'inosservanza dell'ordinanza prefettizia che garantisce le prestazioni e i livelli di funzionamento indispensabili determina sanzioni pecuniarie e amministrative. Sono espressamente abrogati gli art. 330 e 333 del codice penale.

INTERRUZIONE DI UN SERVIZIO PUBBLICO O DI UNA PUBBLICA NECESSITÀ (art. **331**). Chi, esercitando imprese di servizi pubblici o di pubblica necessità, **interrompe il servizio**, ovvero sospende il lavoro nei suoi stabilimenti, uffici o aziende, in modo da turbare la regolarità del servizio, è punito con la reclusione da sei mesi ad un anno e con la multa non inferiore a mille euro. I capi, promotori od organizzatori sono puniti con la reclusione da tre a sette anni e con la multa non inferiore a tremila euro. Si applica la disposizione dell'ultimo capoverso dell'articolo precedente.

OMISSIONE DI DOVERI DI UFFICIO IN OCCASIONE DI ABBANDONO DI UN PUBBLICO UFFICIO O DI INTERRUZIONE DI UN PUBBLICO SERVIZIO (art. **332**). Il pubblico ufficiale o il dirigente di un servizio pubblico o di una pubblica necessità, che, in occasione di alcuno dei delitti preveduti dai due articoli precedenti, ai quali non abbia preso parte, **rifiuta** od **omette** di adoperarsi per la ripresa del servizio cui è addetto o preposto, ovvero di compiere ciò che è necessario per la regolare continuazione del servizio, è punito con la multa fino a mille euro.

§ 16. LA MALVERSAZIONE A DANNO DELLO STATO

L'art. 316 *bis*, introdotto nel codice dall'art. 3 della legge 26 aprile 1990 n. 86, e modificato nel 1992, contempla il fatto di "chiunque, estraneo alla Pubblica Amministrazione, avendo ottenuto dallo Stato o da altro ente pubblico o dalle Comunità Europee contributi, sovvenzioni o finanziamenti destinati a favorire iniziative dirette alla realizzazione di opere od allo svolgimento di attività di pubblico interesse, **non li destina alle predette finalità**".

Con questo reato si intende tutelare l'interesse dello Stato e degli enti pubblici minori a far sì che gli interventi economici di sostegno ad opere o attività di pubblico interesse non siano messi nel nulla o indeboliti dall'inerzia dei beneficiari.

Con la formula *contributi, sovvenzioni o finanziamenti* si è voluta intendere ogni forma di intervento economico, così che devono ritenersi compresi nella sfera di azione della norma anche i mutui agevolati cui accenna l'articolo 640 *bis*. Si è scritto che il riferimento ad opere o attività di pubblico interesse è piuttosto vago e incerto.

Ma a noi sembra che la formula normativa abbia riguardo non tanto alla natura dell'opera o dell'attività in sé e per sé considerate, quanto piuttosto allo scopo perseguito dall'ente erogante. La condotta si sostanzia nella mancata destinazione dei benefici economici ottenuti. Essendo comportamenti omissivi e non risultando fissato un termine per la loro attuazione, sorgerà di frequente il problema del momento consumativo del reato. Se il provvedimento che autorizza l'erogazione e l'atto che la rende operante, specificano sia l'opera sia il termine massimo di adempimento, è a tale termine che bisognerà avere riguardo. Quando il termine non possa essere desunto interpretando i provvedimenti o le normative di massima dell'ente pubblico erogante, il che dovrebbe avvenire assai di rado, dovrà il magistrato accertare se il contributo non sia stato in concreto destinato ad opera diversa, a nulla rilevando che l'opera diversa possa presentare profili di pubblico vantaggio. Quando, prima della scadenza del termine, risultino compiuti atti idonei diretti in modo non equivoco ad escludere la destinazione del finanziamento per scopi di pubblica utilità, sarà ravvisabile il tentativo. Se il finanziamento è stato ottenuto con artifizi o raggiri che hanno indotto in errore l'ente pubblico e poi l'opera o l'attività non siano state compiute è ravvisabile il concorse del delitto in esame con quello di cui all'art. 640 *bis*. L'art. 640 *bis* guarda al momento dell'acquisto delle erogazioni e il delitto in esame al mancato adempimento del vincolo di destinazione.

Il dolo è *generico* e consiste nella coscienza e volontà dell'omessa destinazione dei benefici ottenuto dall'ente pubblico alle opere o attività di pubblico interesse previste.

NOTE BIBLIOGRAFICHE

A. TRABUCCHI: *Istituzioni di diritto Civile*, 50esima ed, CEDAM Padova, 2022;

F. NARDUCCI, R. NARDUCCI, *Guida normativa per l'amministrazione locale 2015*, 2015, MAGGIOLI Editore;

E. CASETTA, *Manuale di diritto amministrativo*, GIUFFRÈ EDITORE, 2016.

P. GIAQUINTO, *Compendio di DIRITTO PENALE*, STUDIOPIGI, 2019;

G.FIANDACA-E. MUSCO, *Diritto penale. Parte generale*, 2014, ZANICHELLI;

G.FIANDACA-E. MUSCO, *Diritto penale. Parte speciale*, vol I e II, 2014, ZANICHELLI;

C.F. GROSSO, M. PELISSERO, D. PETRINI, P.PISA, *Manuale di Diritto Penale*, 2013, GIUFFRÈ;

F. ANTOLISEI, *Manuale di diritto penale*, parte speciale I, a cura di C.F. GROSSO, 2016, GIUFFRÈ;

P. ADINOLFI, *Il mito dell'azienda. L'innovazione gestionale e organizzativa nelle amministrazioni pubbliche*, 2005, McGraw-Hill, Milano.

Aggiornamenti a cura dell'Autore.

www.ingramcontent.com/pod-product-compliance
Lightning Source LLC
Chambersburg PA
CBHW070827260726
48660CB00005B/2015